Büro-Organisation 100% digital
OfficeFreund - die besten Tools der besten Bürosoftware

Arnold Spatz

Arnold Spatz

Büro-Organisation 100% digital

OfficeFreund - die besten Tools der besten Bürosoftware

Bibliografische Information der Deutschen Nationalbibliothek:
Die Deutsche Nationalbibliothek verzeichnet diese Publikation in der
Deutschen Nationalbibliografie; detaillierte bibliografische Daten sind im
Internet über www.dnb.de abrufbar.

VERLAG-IDEENMANUFAKTUR

ISBN 9783754334478

© 2021 Arnold Spatz

Gesamtlayout & Covergestaltung: Alois Gmeiner
Bilder: Arnold Spatz

www.ideenmanufaktur.info

Herstellung und Verlag: BoD – Books on Demand, Norderstedt

INHALT

OfficeFreund –
mehr als Fakturierung, Auftragsabwicklung und Buchhaltung

Mit OfficeFreund organisieren Sie als Unternehmer Ihre Verwaltung und Buchhaltung effizient. So sparen Sie Zeit für die wirklich wichtigen Aufgaben.

VORWORT

von Dipl.-Ing. Arnold Spatz
Geschäftsführer von „Die Unternehmersoftware est.1999 GmbH"

Angefangen hat alles vor 30 Jahren mit einer Schreibhilfe für die Erstellung einer Rechnung. Diese Software war von einem Praktiker für die Praxis entworfen worden. Nur Sinnvolles wurde aufgenommen und in einer einfach zu bedienenden Oberfläche präsentiert.

Diesem Grundsatz sind wir jetzt seit über 25 Jahren treu geblieben und das sollte eine Software meiner Meinung nach auch immer sein: Einfach, dem Nutzer dienlich und so gestaltet, dass man gerne damit arbeitet.

In diesem Sinne ist unsere Büro-Software gewachsen, hat dazugelernt und letztendlich ihren Namen OfficeFreund „verdient".

Glauben Sie mir: Mit OfficeFreund holen Sie das Beste aus Ihrem Unternehmen!

Viel Spaß bei der Kontaktaufnahme mit einem neuen treuen OfficeFreund!

Dipl. Ing. Spatz
CEO und Entwicklungschef
www.officefreund.com
info@officefreund.com

BÜRO 4.0 –
MODERNE DIGITALE BÜROARBEIT

Die Pandemie hat vieles verändert. Digitalisierung steht dabei an vorderster Stelle und führt in der Mehrzahl der Unternehmen zu Veränderungen im Büroalltag, die von Dauer sein werden. Insbesondere wird auch Homeoffice und gemeinschaftliches Arbeiten die Abläufe verändern und neu prägen.

Büroorganisation ist eine der unterschätztesten Arbeits-gebiete in einem Unternehmen

Es gehen mehr Unternehmen pleite, weil das Backoffice, das Mahnwesen oder die Buchhaltung nicht funktionieren, als durch schlechten Geschäftslauf. Gerade Start-ups denken am Beginn fast ausschließlich an das Frontoffice oder an den Verkauf, aber extrem selten an den Rattenschwanz an Arbeit, den das Backoffice in einem Unternehmen verursacht. Wer hier die alltäglichen Dinge nicht mehr im Auge behält, landet sehr schnell in der Insolvenz.

Nur wenn das Büromanagement rund läuft, können die Aufgaben im Büro und der Verwaltung überhaupt erfüllt werden. Chaos und Fehler in der Bürokommunikation bringen einen Betrieb im schlimmsten Fall zum Stillstand. Die systematische Büroorganisation, ein sinnvolles digitale Ablagesystem, die jeden Kundenakt auch blitzschnell findbar macht, kontrollierte Arbeitsabläufe und Ordnung in den Dokumenten sind daher unumgänglich. Wenn aber unterschiedliche Personen in einem

Büro arbeiten, dann braucht es dafür eine zuverlässige und möglichst intuitive Bürosoftware, die von allen bedient werden und all die unterschiedlichen Aufgaben im Office auch bewerkstelligen kann. Genau hier bringt OfficeFreund Ordnung bis ins kleinste Detail.

Wobei, eines ist heute schon klar…

Das Büro bleibt unverzichtbar – aber es verändert sich!

Dauerhaftes und durchgehendes Homeoffice wird sich kaum durchsetzen. Darin sind sich Experten einig. Zu sehr ist der Mensch auf die Kommunikation und den Austausch mit anderen Kollegen angewiesen. Auch lassen sich nicht alle Organisations- und Verwaltungsprozesse digitalisieren. Allerdings wird sich der Flächenbedarf von größeren Unternehmen in Zukunft verändern und sich verkleinern. Kein Wunder, denn die Arbeitsinhalte und die damit verbundene Arbeit verschieben sich massiv.

Tätigkeiten, die eine hohe Konzentration verlangen, können auch von daheim erledigt werden.

Das Büro wird in Zukunft der Raum für gemeinsame Kommunikation, gemeinsame Zusammenarbeit, gemeinsames Brainstorming und den gegenseitigen Austausch. Gerade wenn es um Warenversand und die Abwicklung von Aufträgen geht, kann das kaum vom Homeoffice erledigt werden. Physische Anwesenheit ist dafür notwendig und eine Software, die alle Beteiligten dabei unterstützt, möglichst effizient zu agieren. Daher ist eine möglichst für alle nutzbare Digitallösung notwendig, damit jeder auch möglichst einfach die unterschiedlichsten Teilbereiche erfassen und bedienen kann.

Gute Software demokratisiert die Arbeit wieder. Mitarbeiter sollten flexibel wählen dürfen, wann sie wo mitarbeiten und ob sie von zuhause arbeiten, oder ob sie ins Unternehmen kommen. Die Identität und Zugehörigkeit zu einem Unternehmen ist daher weiter wichtig und muss auf jeden Fall für alle Mitarbeiter spürbar sein. Dazu ist das Unternehmen, das Büro, die Werkhalle und die entsprechende verbindende Software unverzichtbar.

Büroorganisation ist das A und O eines Unternehmens!

Die Organisation von Abläufen jeder Art ist der Kernbereich der OfficeFreund Bürosoftware. Es geht um viel mehr als die Ablage von Dokumenten und Rechnungen, einen aufgeräumten digitalen Arbeitsplatz und die allgemeine Ordnung in einem Unternehmen. Egal, ob es ein großer multinationaler Konzern ist oder ein lokal agierender Handwerksbetrieb: Stets gilt es, den Überblick zu bewahren, auf jeder Ebene effizient zu arbeiten und Zugriff auf die aktuellen Daten und Zahlen zu haben. Eine 100% Allround-Software schafft genau diesen Spagat und verbessert das Zeitmanagement sowie die Terminplanung, setzt Prioritäten, treibt Vorgänge voran, überwacht und kontrolliert Waren- und Zahlungsbewegungen, managt die Korrespondenz und die Buchhaltung.

Der Büroalltag ist jeden Tag anders und braucht 100% Allround-Genies als Softwarelösung!

Spezialsoftware hat in den meisten Bereichen ausgedient. Heute kann man mit einem Handy so viel mehr als nur telefonieren. Genau so verändert sich auch die Business-Software. Einzelne kleine Softwareprogramme, die dann Probleme bei der Verlinkung mit anderen Programmen am PC machen, sind out. Gesamtlösungen aus einer Hand sind gefragter denn je. Kein Wunder, der Büroalltag stellt uns ja auch täglich vor viele Herausforderungen: die Planung von Kundenanfragen vom Angebot über die Bestellungen bis zu Versand und Rechnungstellung, Einhaltung von Deadlines beim Mahnwesen oder Vereinfachung von jährlichen Terminen wie der Inventur!

Die Bürozukunft ist 100% digital und 100% freundlich – OfficeFreund!

Ohne die richtige Bürosoftware funktioniert heutzutage kaum etwas im Büro. Das Angebot von Office-Programmen ist enorm, aber nur wenige decken alle spezifischen Anforderungen des jeweiligen Unternehmens ab. OfficeFreund hat sich bereits seit Jahrzehnten bewährt und wurde laufend an neue Gegebenheiten angepasst und die Usability wurde immer wieder verbessert. Es ist aktuell eines der einfachsten und dennoch umfangreichsten 100% Allround-Bürosoftware-Programme für Unternehmer von 1 bis 1.000 Mitarbeiter, im gesamten deutschsprachigen Raum.

Die Bereiche von OfficeFreund zur Büro-Digitalisierung:

- 100% Auftragsverwaltung: von Angebot bis Rechnung
- 100% Eingangsrechnung aufnehmen und verwalten
- 100% Adressen-Verwaltung für (Kunden-, Lieferanten-, Vertreteradressen, etc.)
- 100% Produkt-Verwaltung
- 100% Schriftverkehr Organisation (auch Serienbriefe und Werbepost)
- 100% Mahnwesen (offene Posten und automatisches Mahnwesen)
- 100% Buchhaltung (von Kassenbuch bis zur Inventur)
- 100% Auswertungen (Gesamtumsätze, Artikel Renner+Penner Auswertung, etc.)
- 100% Zahlungsverkehr (Zahlungsvordrucke - SEPA)
- 100% Schnittstellen für Adress- und Artikeldaten Import aus EXCEL bzw. CSV-Dateien, etc.
- 100% Schnittstelle zu DATEV
- 100% Integration der europaweit gängigen elektronischen Rechnung im ZUGFeRD Format
- 100% IDEA-Schnittstelle (für Steuerprüfung in Deutschland notwendig)
- 100% Benutzer- und Rechteverwaltung

OfficeFreund ist die intuitivste Bürosoftware auf dem Markt und vereinfacht die Büroarbeit für KMUs und Startups.

DIE 10 VORTEILE VON OFFICEFREUND

OfficeFreund unterstützt in allen relevanten Unternehmensbereichen durch seine intuitiv zu bedienende und flexible Bürosoftware. Dabei werden alle Geschäftsvorgänge sinnvoll und effizient miteinander verknüpft, um die Arbeit zu vereinfachen und in jedem Bereich dokumentierbar und nachvollziehbar zu machen. Damit werden letztendlich auch alle Rechnungen und Belege zu jeder Zeit finanzamtskonform organisiert und 100% sicher gespeichert. Eine der günstigsten und effizientesten Bürosoftwarelösungen am Markt.

VORTEIL 1:
EIN JAHR GRATIS

Andere erlauben 30-Tage-Gratis-Testversion – OfficeFreund bietet als Einstiegsangebot kostenlos **365 Tage die 100%-Vollversion**!

Unabhängige Tests beweisen es immer wieder – OfficeFreund ist eine der besten und einfachsten Allroundlösungen für alle Arbeiten im Büro. Von der Auftragsverwaltung über den kompletten Schriftverkehr und Zahlenauswertung, bis hin zu Rechnungsstellung mit ZUGFeRD. Im Softwarepaket OfficeFreund wurde an alles gedacht, was für den Büroalltag wichtig ist. Auf tausenden

Unternehmensarbeitsplätzen arbeitet bereits ein treuer OfficeFreund. Unternehmer und Start-ups sollten aber nur der eigenen Erfahrung vertrauen, daher gibt es OfficeFreund jetzt im Ein-Jahr-Test, mit 100 Prozent Vollzugang zu allen Features (bei der Gründerversion besteht nur Zugang zu der Hauptlizenz ohne Zusatzfunktionalitäten wie ZUGFeRD) und Vorteilen dieser allerbesten Allround-Office-Softwarelösungen.

Hier geht's zur 1-Jahr-Gratis-Testversion: www.officefreund.de/gruender

VORTEIL 2:
EINFACH – OHNE SCHULUNG LOSLEGEN

OfficeFreund ist sehr leicht zu verstehen und zu bedienen. Wir haben uns für eine **intuitive Benutzeroberfläche** entschieden. Das Programm ist daher **in vielen Schritten selbsterklärend**. Zeitaufwändige Schulungen entfallen also. Und sollte hin und wieder doch mal etwas nicht klar sein, dann hilft unser blitzschneller und freundlicher Support. UnternehmerInnen, SekretärInnen, AssistentInnen, MitarbeiterInnen – egal, an welcher Position im Unternehmen Sie sind, die extrem intuitive Bedienung erleichtert den Einstieg und alle können daher unmittelbar und ohne Einschulung mit OfficeFreund arbeiten. Alle administrativen Abläufe im Unternehmen laufen nahezu automatisch und können von allen Mitarbeitern bearbeitet und eingesehen werden.

Die Unterschiede zu den gängigen Softwarelösungen fürs Büro, wie Sage KHK, Lexware, Billomat, papierkram, deltag orgaMAX, sevdesk, microtech oder WISO MeinBüro liegen einerseits in deren meist sehr eingeschränkten Aufgabenstellung gegenüber der OfficeFreund-100-Prozent-Allroundsoftware und andererseits in der einfachen Usability und der sofortigen intuitiven Bedienbarkeit von OfficeFreund - auch für ungelernte Bürokräfte.

VORTEIL 3: INDIVIDUELL – ANPASSEN AN IHR BUSINESS

Die Software lässt sich ganz **einfach** an die jeweilige Branche und deren Anforderungen des Kunden **anpassen**. So erhält man keine Softwarelösungen von der Stange, sondern genau das Programm, das man für sein Unternehmen oder Start-up benötigt. In puncto Adressverwaltung, Kassenbuch oder Rechnungserstellung ist man darüber hinaus immer auf der richtigen Seite. So stehen mit wenigen Klicks alle Informationen und Daten von der Kundenverwaltung über die Angebotserstellung und Artikel- und Auftragsverwaltung bis hin zur Rechnungserstellung zur Verfügung.

VORTEIL 4:
FÜR ALLE BRANCHEN
GEEIGNET

OfficeFreund ist die perfekte Bürosoftware für **Kleinunternehmer** bis hin zum **mittelständischen Unternehmen**, aber auch für **Freiberufler** und **Handwerker**. Sie ist ein echtes Allround-Genie und bietet alle Funktionen, die in einem Büro benötigt werden – vom Wareneinkauf über Angebotsstellung, Fakturierung bis zur Buchhaltung. Damit sind jederzeit alle wichtigen Geschäftsprozesse in einem Unternehmen im Fokus und können durch die Software schnell und einfach bearbeitet und dokumentiert werden.

Ob als Handwerkersoftware, Kassenbuch, Finanzsoftware oder Auftragsverwaltung – OfficeFreund ist für jede Art von Geschäft einsetzbar. Egal, wie groß das Unternehmen ist, egal, wie viele Mitarbeiter und egal, welche Branche oder wie viele Artikel oder Fallbearbeitungen.

VORTEIL 5: RECHTSSICHER – GoBD & IDEA

Alle Prozesse sind mit den neuesten Gesetzesnormen wie **GoBD** immer 100 % **konform**.

Bei OfficeFreund werden alle Geschäftsvorgänge sinnvoll und effizient miteinander verknüpft, um die Arbeit zu vereinfachen und in jedem Bereich dokumentierbar und nachvollziehbar zu machen. Damit werden letztendlich auch alle Rechnungen und Belege zu jeder Zeit finanzamtskonform organisiert und 100% sicher gespeichert.

IDEA (Interactive Data Extraction and Analysis) wird in der Kommunikation mit Behörden, insbesondere von Steuerbehörden und dem Finanzamt, auch in Deutschland immer relevanter. Ursprünglich nur in der internen Revision und im Controlling genutzt, wird die IDEA-Software heute in fast 100 Ländern für die Wirtschaftsprüfung genutzt, um große Datenmengen zu übersenden, zu analysieren und zu vergleichen. Da auch die deutsche Finanzverwaltung, der deutsche Zoll und viele Steuerberater mittlerweile IDEA verwenden, wird diese wichtige Software nun auch als Zusatzmodul zur Bürosoftware OfficeFreund angeboten.

Viele unserer Kunden bemerken seit einigen Jahren, dass vermehrt elektronisch geprüft wird, oder Daten elektronisch von den Behörden angefordert werden. Daher haben wir uns entschlossen, **IDEA** als **Zusatzmodul** zu implementieren. Das erlaubt den einfachen und intuitiven Export aller steuerrelevanten OfficeFreund-Buchhaltungs-Daten mit einem Klick in eine Zipdatei, die der Steuerprüfer per Mail bekommt und digital überprüfen kann.

Mit OfficeFreund und dem IDEA-Zusatzmodul gemäß den Grundsätzen GoBD zur ordnungsmäßigen Führung und Aufbewahrung von Büchern, Aufzeichnungen und Unterlagen in elektronischer Form sind Sie fit für das digitale Büro 4.0!

VORTEIL 6:
RECHTSSICHER –
eRECHNUNG

Seit Ende 2020 ist die **elektronische Rechnung** bereits Pflicht, für alle Unternehmen, die mit dem Bund Geschäfte machen. Aber auch immer mehr internationale Konzerne, Organisationen und Behörden setzen auf das „**ZUGFeRD 2.1**" und damit ein topmodernes Tool zur einfachen und rechtssicheren Erstellung von elektronischen Rechnungen, die dann auch direkt per Mail versandt werden können. Gerade größere Unternehmen kommen 2021 nicht mehr um dieses Tool herum und müssen ihre Rechnungssoftware oder Officesoftware aufstocken.

OfficeFreund bietet ab sofort ein günstiges Zusatzmodul, bei dem direkt aus der Software heraus ZUGFeRD 2.1-eRechnungen erstellt und gemailt werden können. Wir sehen ZUGFeRD 2.1 langfristig als die perfekteste und sicherste Lösung beim E-

Invoicing, da das Format nicht nur 100 Prozent EU-konform ist, sondern auch der Norm-16931 entspricht.

Die **Vorteile von ZUGFeRD im Softwarebundle von OfficeFreund**:

- Einheitlicher Standard für alle eRechnungen mit Infos zu allen Pflichtangaben
- Einheitliches Rechnungs-Format
- Sofortige Weiterverarbeitung durch Buchhaltungsprogramm
- Sofortige Weiterverarbeitung im Mahnwesen
- Weiterhin bildhafte PDF-Darstellung
- International kompatibel - für grenzüberschreitenden Rechnungsverkehr UN-CEFACT-Standard
- Für jede Unternehmensgröße und auch für KMU geeignet
- Nutzung von ZUGFeRD-Rechnungen – ohne Registrierungen, ohne Zertifizierungen, ohne elektronische Signaturen, ohne Anbindung an E-Invoicing-Plattformen, ohne Aufwand und zusätzliche Kosten

ZUGFeRD 2.1 ist die digitale Rechnung der Zukunft. Die gute alte Papierrechnung ist dem Untergang geweiht! Gott sei Dank! Denn seit so gut wie alle Unternehmen auf digitale Buchführung setzen, ist eine Rechnung aus Papier eigentlich ein Unding. Nur durch ein digitales, strukturiertes und einheitliches Rechnungs-format können Abläufe über ERP-Systeme deutlich effizienter, schneller und günstiger abgewickelt werden.

VORTEIL 7: ALLROUND-BÜROSOFTWARE IM D-A-CH-GEBIET

OfficeFreund wird in **allen deutschsprachigen Ländern** verwendet.

Wir sind ein deutscher Software-Hersteller und so ist es auch nicht verwunderlich, dass wir die größte Anzahl unserer Anwender in **Deutschland** haben. Wir decken alle Bundesländer ab und sind von Garmisch im Süden bis Flensburg im Norden, von Aachen im Westen bis Frankfurt (Oder) im Osten flächendeckend vertreten. Am stärksten im Einsatz ist OfficeFreund für Sie in Nordrhein-Westfalen, unser eigener Standort ist München.

In **Österreich** haben wir schon lange Kunden, die unsere praktische Software schätzen. Wir machen es Ihnen auch leicht. Bei uns kann die Heimwährung mit einem Klick gesetzt werden.

Auch in der neutralen **Schweiz** wird gerne mit OfficeFreund gearbeitet. Wir haben daran gedacht, dass dort der Empfänger auf der rechten DIN A4 Seite steht und eine einfache schnelle Umstellung der Anschrift integriert.

P.S.: Wir haben sogar Auswanderer, die OfficeFreund in ihre neue Heimat mitgenommen haben. Da können wir nur sagen: Gut gemacht.

VORTEIL 8:
BEWÄHRT SEIT ÜBER 25 JAHREN

OfficeFreund ist eine ganz und gar **deutsche Entwicklung**, mit dem Experten-Know-how von mehr als **25 Jahren Erfahrung** im Bereich Bürosoftware und Bürodigitalisierung. Experten und Praktiker haben das Allroundgenie fürs Büro entwickelt. Ein Team aus erfahrenen Programmierern, Steuerberatern, Rationalisie-rungs- und Office-Experten hat die Software immer wieder verbessert, um bei den unzähligen Abläufen in einem Büro vor allem Zeit und damit Arbeitskraft zu sparen. Das gilt auch für die integrierte Buchhaltungssoftware, die jedem Vergleich mit teuren Pendants standhält.

VORTEIL 9:
UNKOMPLIZIERTER & KOSTENLOSER SUPPORT

Unser Service ist in Deutschland und nicht im Call-Center am anderen Ende der Welt!

In der modernen Kommunikation wird für den Kontakt heutzutage sehr gerne ein BOT eingesetzt: Maschinenintelligenz soll Effizienz bringen. Wir haben uns ganz bewusst dagegen entschieden –

denn wir schätzen den direkten Kontakt von Mensch zu Mensch. Bei uns erhalten Sie **Beratung und Unterstützung vom Experten persönlich** – und das Beste daran: Unser **Support ist kostenlos**!

VORTEIL 10: UNSCHLAGBAR GÜNSTIG

Wählen Sie Ihr OfficeFreund-Paket:

- GRÜNDER: 1 Jahr zum Nulltarif
- STANDARD: Bestseller
  - ✓ Nach einem Jahr können Sie entscheiden, ob Sie den Aktualisierungsservice und den kostenlosen telefonischen Support zu einem günstigen Preis verlängern wollen.
  - ✓ Falls Sie nicht verlängern wollen, dann können Sie einfach mit Ihrer OfficeFreund-Software weiterarbeiten.
- PROFESSIONELL: Grundpreis (STANDARD) plus Zusatzmodule nach Wahl

Alle Funktionen, die in den Paketen enthalten sind, sowie Zusatzmodule und Zusatzleistungen finden Sie auf unserer Homepage:

www.officefreund.de/preise

WAS SCHAFFT OFFICEFREUND
IN DER PRAXIS?

OfficeFreund macht die digitale Verwaltung von komplexen Daten so einfach wie möglich. Das beginnt bereits mit dem übersichtlich gestalteten Hauptmenü.

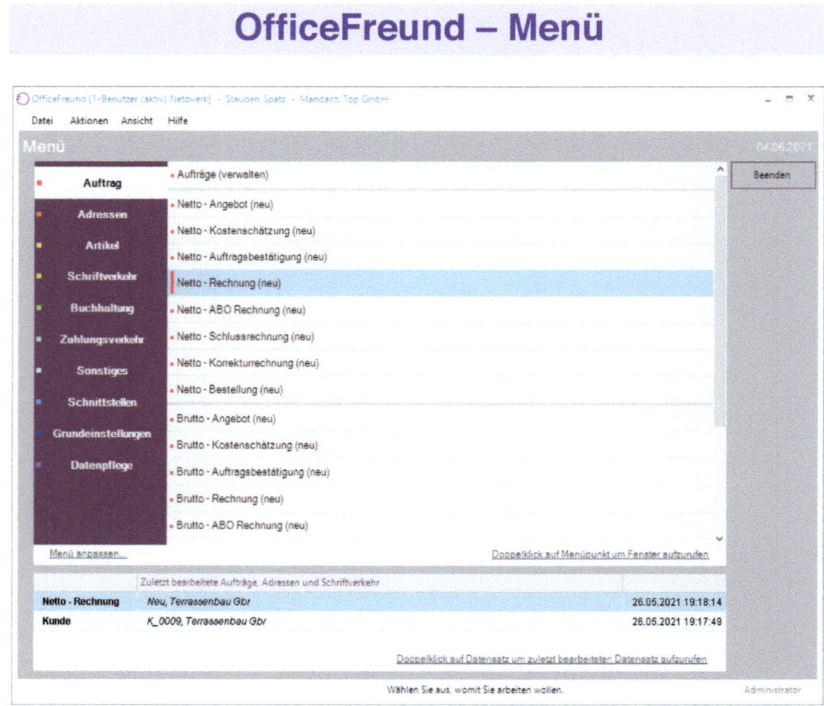

Aus dem Hauptmenü können Sie zuletzt bearbeitete Aufträge, Adressen und Schriftverkehr aufrufen.

Für noch bessere Übersicht und eine einfache Handhabung gibt es die Möglichkeit, Einträge des Menüs einzublenden, auszublenden und umzusortieren:

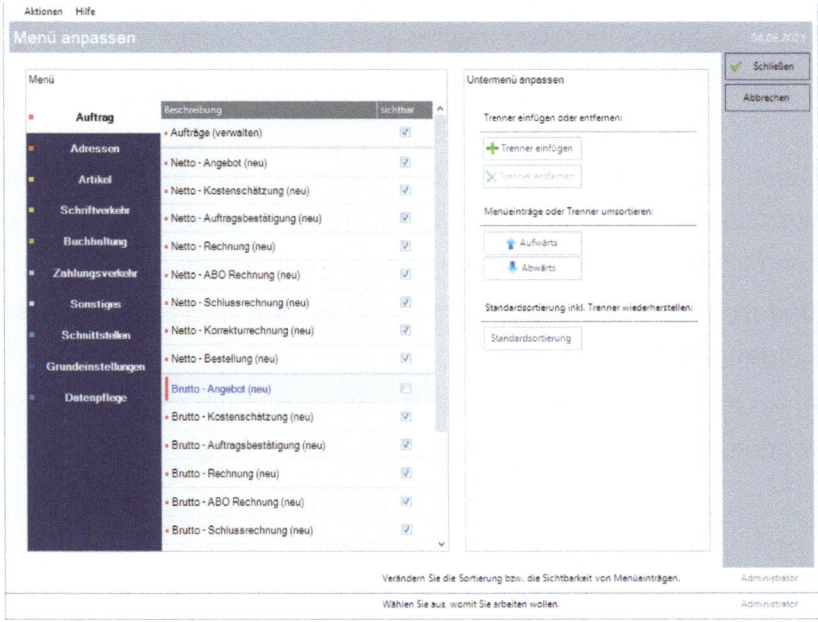

OfficeFreund bietet:

- in allen Verwaltungsfenstern umfangreiche Such-, Filter- & Positionierungsfunktionen
- überall die Möglichkeit, über „Neu als Kopie" bestehende Dinge (Rechnungen, Artikel, Kunden etc.) einfach zu duplizieren
- Umfangreiche Grundeinstellungen

Mehr Details finden Sie hier:
www.officefreund.de/das-software-paket

Was **OfficeFreund – Menü** auszeichnet

Dipl. Ing. Spatz über die Features von OfficeFreund:

Durch die Möglichkeit, Menüpunkte ein- und auszublenden, umzusortieren und bei Bedarf neue Trenner einfügen zu können, kann ein komplett individuelles Menü aufgebaut werden.

Dadurch wird das Menü zum individuellen firmenbezogenen Eingangs-Foyer.

Falls OfficeFreund-Benutzer mit Rechteeinschränkungen angelegt werden, sehen diese nur die für sie erlaubten Programmbereiche!

OfficeFreund – Auftrag

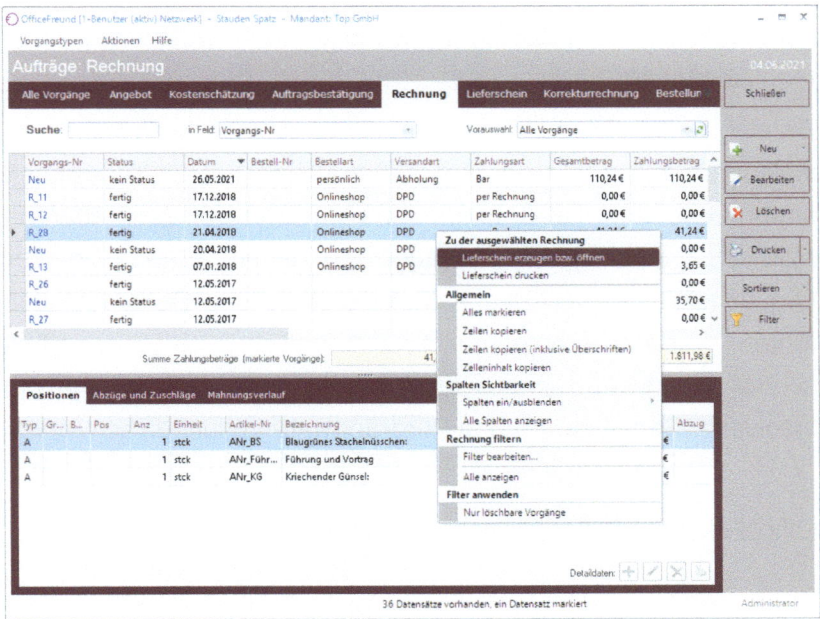

OfficeFreund ist die benutzerfreundlichste Software vom Auftragseingang bis zum Mahnwesen. Sobald man die Suchmaske öffnet, steht einem mit der benutzerfreundlichen Oberfläche ein Überblick über sämtliche Geschäftsvorgänge (Warenverkehr, Korrespondenz, Angebote, Kostenschätzungen, Auftragsbestätigungen, Rechnungen, ABO-Rechnung, Schlussrechnung, Lieferscheine, Buchhaltung, Gutschriften, Bestellungen, etc.) zur Verfügung. Mit nur wenigen Klicks ist es möglich, bestehende Angebote, oder Aufträge aufzurufen und neue zu erstellen. Darüber hinaus können diese aber auch direkt ausgedruckt, versandt sowie adaptiert werden. Weil Zeit Geld ist, hat OfficeFreund aber auch eine Schnellsuche eingebaut, mit deren Hilfe Kunden in Sekundenschnelle am PC gefunden werden können, um damit Bestellart, Versandart, Zahlungsweise und Vorgangsdatum einzusehen. Das schafft Kundennähe und genaue Information über individuelle Kundenkonditionen, wenn man sie braucht.

Es steht außer Frage, <u>dass</u> jedes Unternehmen nach möglichst vielen Aufträgen und möglichst großer Auslastung der Kapazitäten strebt. Gerade in Kleinbetrieben und bei Start-Ups kann aber ein plötzlicher Anstieg an Anfragen zu einem Chaos in der Organisation, in der Buchhaltung und in der Dokumentation führen. Wer als Unternehmer nicht ordentlich Buch führt, verliert schnell den Überblick und riskiert trotz guter Auftragslage die Insolvenz. Genau darum sind Büro-Software-Lösungen so wichtig.

OfficeFreund – Auftrag bietet:
- Faktura
    - Verwaltung
    - von Angebot bis Rechnung
    - auch spezielle Dinge wie Sammelrechnung, Teil/Schlussrechnung.
    - ABO-Rechnung Erzeugung (für wiederkehrende Abrechnungen)
- Eingangsrechnung
- Auftragshistorien (z.B. Angebot → Auftragsbestätigung → Rechnung in einer zusammenhängenden Historienübersicht)

Mehr Details finden Sie hier:
www.officefreund.de/das-software-paket

Was **OfficeFreund – Auftrag** auszeichnet

Dipl. Ing. Spatz über die Features von OfficeFreund:

Ausgezeichnet gelöst ist in OfficeFreund die Möglichkeit, **wie Artikelpositionen in einem Vorgang hinzugefügt werden können**:

- „Neu als Kopie" eines bestehenden Vorganges.

- „Bezug auf'" einen bestehenden Vorgang (z.B. Rechnung bezieht sich auf ein Angebot).

- Übernahme der Artikel eines beliebigen Vorganges.

- Übernahme von Artikeln aus einer EXCEL Datei. Damit können z.B. Daten aus einer Zeiterfassungssoftware eingelesen und sofort verarbeitet werden.

- Einlesen von zu einer Artikelkombination gebündelten Artikeln.

- Direkte Schnellsuche (auch nach mehreren Kriterien und im ArtikelNr- sowie im Bezeichnungsfeld möglich) von Artikeln und Artikelkombinationen direkt aus der Positionsübersicht.

- Möglichkeit der Abzüge/Zuschläge vor und nach dem Rechnungsbetrag.

OfficeFreund – Adressen

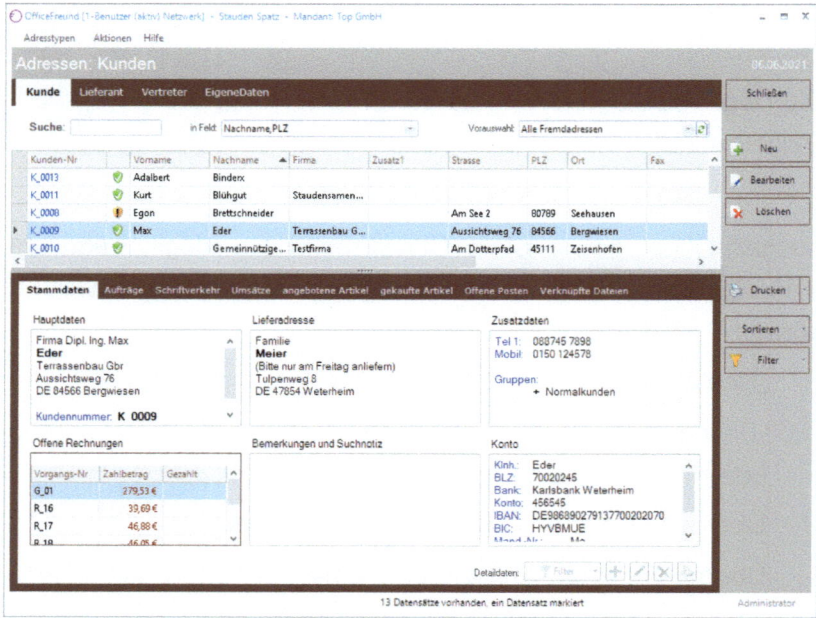

Die Adressverwaltung von OfficeFreund ist nach Kunden, Lieferanten, Vertretern und „eigenen Daten" aufgeschlüsselt.

OfficeFreund – Adressen bietet:

- Verwaltung
- Kunden
- Lieferanten
- Vertreter
- Bestimmung der aktuell ausgewählten „eigenen Daten"
- Detaildaten und Auswertungen (offene Rechnungen, gekaufte Artikel…)
- Direkte Erstellung von Briefen, Aufträgen, offene Posten etc. möglich

28

- Dateien können mit Adressen verknüpft werden
- Neue Adresse als Kopie einer bestehenden
- Vielfältige Druckmöglichkeiten:
    - Adresslisten
    - Stammdaten
    - Etiketten
- Umfangreiche Filter– und Suchmöglichkeiten

Mehr Details finden Sie hier:

www.officefreund.de/das-software-paket

Was **OfficeFreund – Adressen** auszeichnet

Dipl. Ing. Spatz über die Features von OfficeFreund:

Top übersichtliches Cockpit, in dem alle relevanten Informationen und Aktionen von Rechnungserstellung, offene Posten buchen bis zu Auswertung personenbezogener Daten ermöglicht wird.

Dieses Fenster muss man in der Regel bei den meisten täglichen Arbeiten nicht verlassen.

OfficeFreund – Artikel

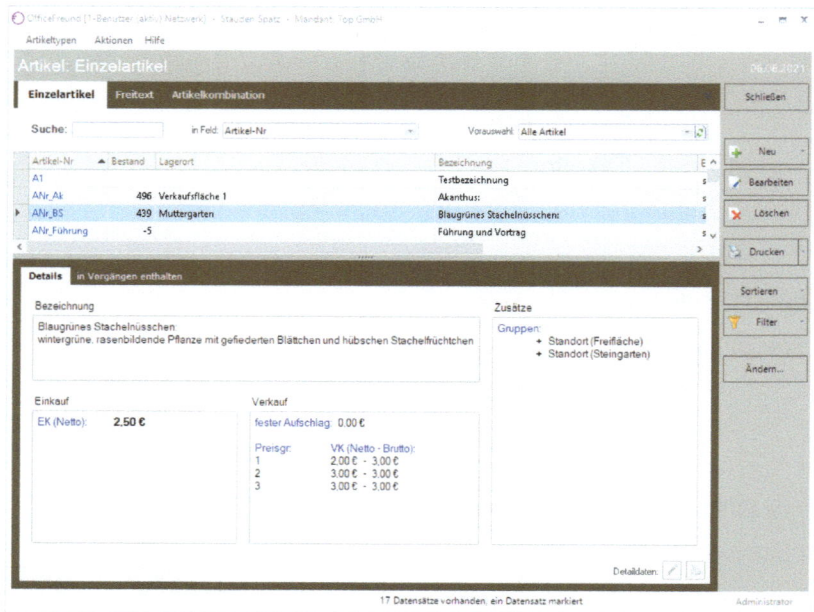

OfficeFreund bietet dem Anwender einen schnellen Überblick über alle wichtigen Daten zu den einzelnen Artikeln. Egal, ob im Lager oder im Geschäft: Im OfficeFreund lassen sich alle Daten, die man für die Verwaltung von Artikeln, Lagern und Bestellungen benötigt, einfach durch eine übersichtliche Eingabemaske erfassen. Sollte man Preise, den Bestand oder Matchcodes mehrerer Artikel ändern müssen, kann man dies einfach durch Batchbearbeitung auf einen Rutsch erledigen. Für eine bessere Anpassung und eine flexiblere Preisgestaltung lassen sich bis zu fünf verschiedene Preisgruppen definieren. Sollten für verschiedene Artikel keine Preisgruppen hinterlegt sein, können diese im Zuge einer Preisänderung miterzeugt werden. So ist dies kein zusätzlicher Arbeitsschritt.

Die Preise der Artikel lassen sich dabei sowohl individuell anpassen, nach einer bestimmten Wertangabe oder um einen bestimmten Prozentsatz ändern. Dabei stehen dem Nutzer auch vielfältige Rundungsfunktionen zur Verfügung. Außerdem steht dem Nutzer die Funktion zur Verfügung, den Einkaufspreis direkt mit einem Aufschlag zu versehen. Dies erleichtert vor allem die Administration eines Shops, der sich auf Dropshipping spezialisiert hat. Alle Daten lassen sich dabei auch einfach und schnell in der Detailansicht ändern. Eine weitere sehr nützliche Funktion ist, dass sich das Gewicht der einzelnen bestellten Artikel im Lieferschein automatisch summieren lässt. Diese Funktionen und noch viele mehr erleichtern dem Anwender die tägliche Arbeit ungemein.

OfficeFreund – Artikel bietet:

- Verwaltung
- Artikel
- Artikelkombinationen
- Freitexte
- Auswertungen
  - Gesamtumsätze
  - Artikel Renner-Penner Auswertung
  - Artikelbezug eines Kunden
  - Artikel eines Lieferanten

Mehr Details finden Sie hier:
www.officefreund.de/das-software-paket

31

Was **OfficeFreund – Artikel** auszeichnet

Dipl. Ing. Spatz über die Features von OfficeFreund:

In Kombination mit der Gruppen- und der Lagerortzuordnung lässt sich auf **einfache, schnelle Art und Weise eine Lagerverwaltung aufbauen**.

Schnelle Anlage von Artikeln durch die „Neu als Kopie" Funktion.

Umfangreiche Import- und Aktualisierungsmöglichkeit von Artikel und Mengen, dadurch lässt sich nach einer Inventur der Lagerbestand auf Knopfdruck aus einer EXCEL Datei auf den aktuellen Stand bringen.

OfficeFreund – Buchhaltung

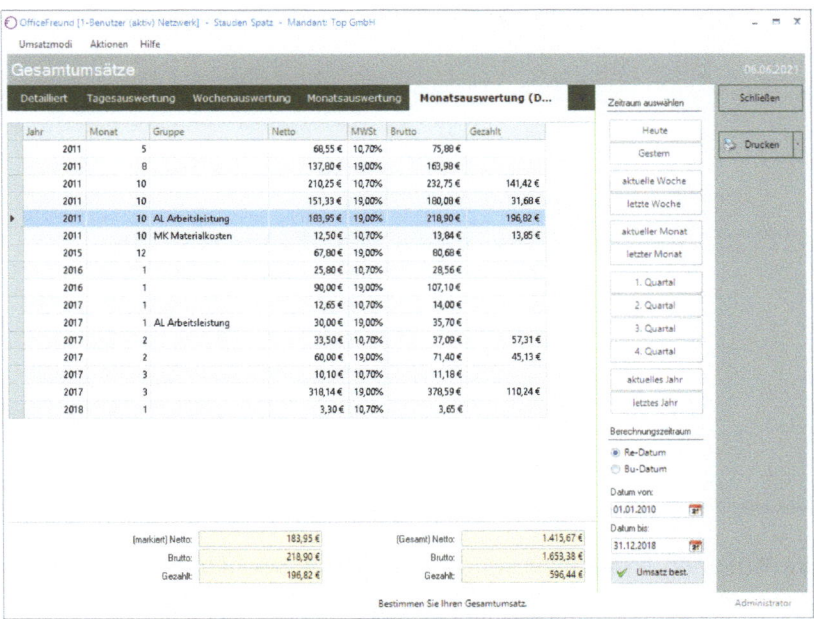

In einem Unternehmen ist es wichtig, seine Umsätze genau zu kennen. Mit OfficeFreund erfassen Nutzer alle möglichen relevanten Daten: Gesamtumsätze, Saisonumsätze, Monats- und sogar Tagesumsätze. Steigerungen werden schnell festgestellt und Tendenzen berechnet. Diese Software bietet alles, was man sich nur wünscht. Es macht Spaß, mit dieser Software zu arbeiten. Sie kann direkt eingesetzt werden, ohne komplizierte Schulung des Büropersonals, denn das Programm ist selbsterklärend!

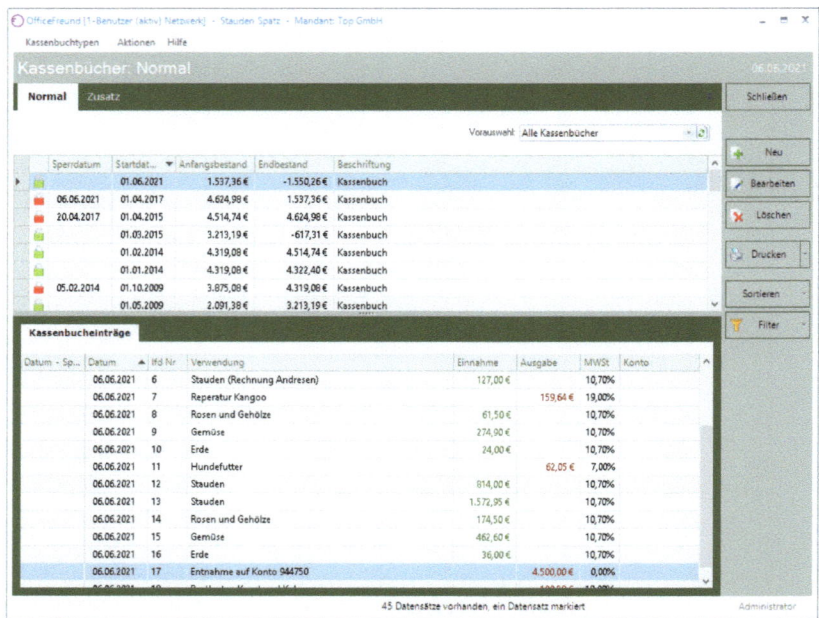

Die Kassenbuchverwaltung gehört zu den wichtigsten Bereichen der Buchführung. Mit OfficeFreund können Sie Kassenbücher verwalten, bearbeiten und neu anlegen – einfach und übersichtlich. Da mehrere Kassenbücher geführt werden können, gibt es die Möglichkeit, auch Monatskassenbücher und Zusatzkassenbücher zu anzulegen. Es können auch Kassenbücher aus dem letzten Jahr erstellt werden.

Das aktuelle Kassenbuch kann direkt aus dem Hauptmenü aufgerufen werden.

Und: Jedes Kassenbuch kann direkt ausgedruckt werden.

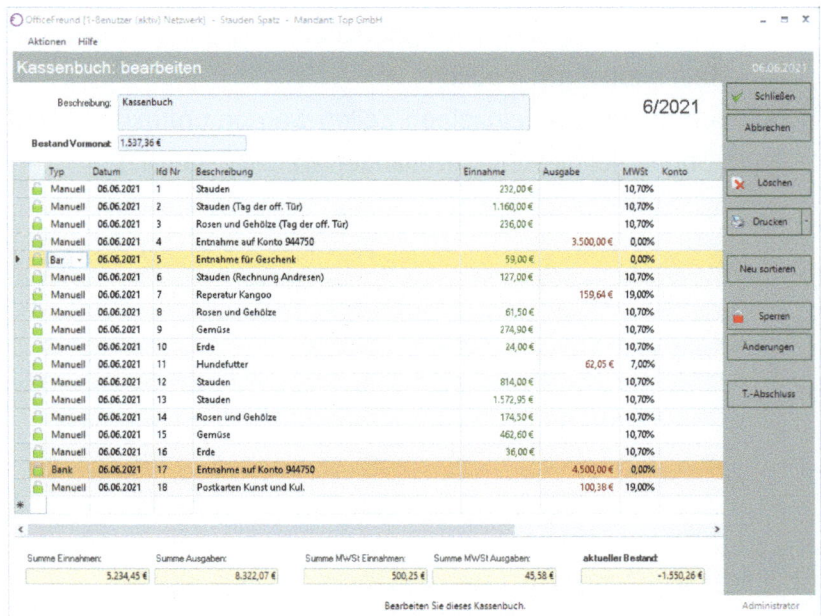

Das Kassenbuch-Eingabefenster ist einfach in der Bedienung und ein Multitalent aufgrund der Programmierung:

- Bei Bar-Rechnungen mit mehreren MWSt-Sätzen werden diese mit getrennten Einträgen in das Kassenbuch übernommen.
- Bei der automatischen Übernahme von Beträgen aus Bar-Rechnungen werden auch die Rechnungsnummer und der Kundenname in die entsprechende Zeile eingetragen.
- Kassenbücher können gesperrt werden (das Finanzamt verlangt, dass Kassenbücher nach Fertigstellung nicht mehr geändert werden können).
- Bei der Eingabe, bzw. Auswahl einer Beschreibung werden sofort zugehörige (schon vergebene) MWSt und Konto Einträge angezeigt.
- Typ Manuell, Bar, Bank, Privat kann gesetzt werden.

- Anlage von Monatskassenbüchern und frei gestaltbaren Kassenbüchern möglich.
- Änderungen an einzelnen Zeilen werden protokolliert und können detailliert nachvollzogen werden. (GoBD)

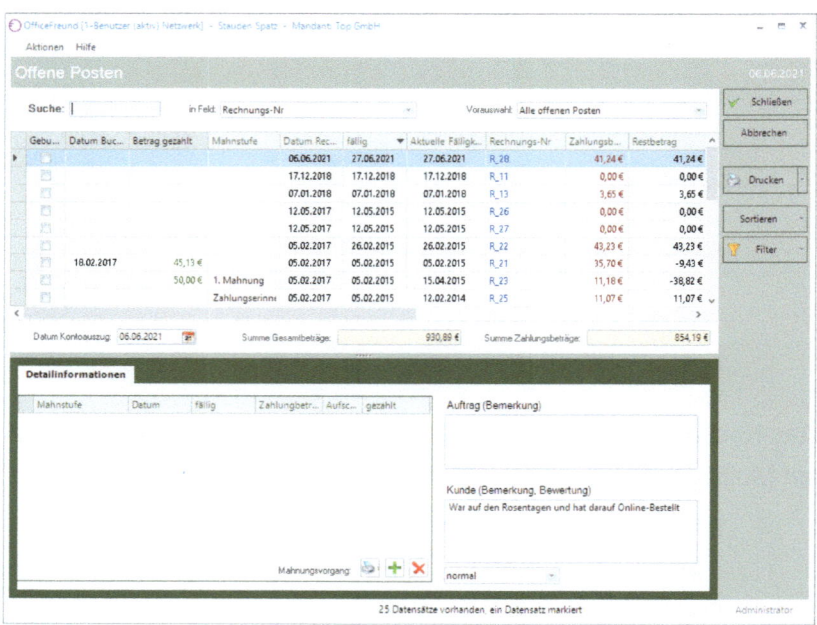

OfficeFreund fasst alle offenen Posten in einer übersichtlichen Ansicht zusammen, sodass man als Anwender alles auf einen Blick erfassen kann. Da einem dabei direkt das aktuelle Fälligkeitsdatum angezeigt wird (nach dem auch sortiert werden kann), entgeht einem keine offene Forderung mehr. Sollte ein Kunde ein besonderes Vorgehen erfordern oder hat man sich auf individuelle Zahlungsmodalitäten geeinigt, kann man das in einer Notiz festhalten, die direkt in der Übersicht angezeigt wird. Auch Teilzahlungen können damit sehr einfach koordiniert werden.

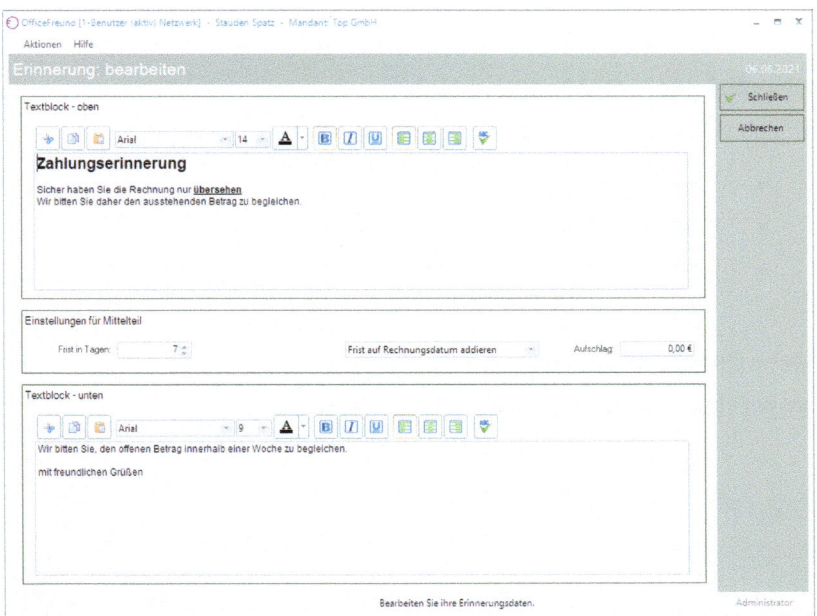

Erstellung von individuellen Mahnbrief-Texten mit unterschied-
licher „Dringlichkeit": Auch wenn sich Kunden als besonders
hartnäckig oder sehr vergesslich erweisen, kann OfficeFreund
unterstützend zur Seite stehen. Untersuchungen zeigen: Mit
individuellen Mahntexten und abgestimmtem „Wording" bei
Zahlungserinnerungen für die erste, zweite und dritte Mahnstufe,
werden Forderungen deutlich öfter bezahlt. Es kommt auf die
Sprache und den eindringlicheren Ton der Mahnung an. Auch die
Fälligkeitsfristen kann der Anwender direkt in OfficeFreund
automatisch berechnen lassen und spart sich so einen Arbeitsschritt. Dabei kann man aus drei verschiedenen Optionen wählen.
Die Frist lässt sich auf das Rechnungsdatum, den letzten
Mahnvorgang oder das aktuelle Datum beziehen. Der Anwender
muss sich nicht mehr den Kopf zerbrechen und mühsam das
Datum in einem Kalender nachrechnen.

OfficeFreund – Buchhaltung bietet:

- Kassenbuch (mit Tagesabschluss, Zählprotokoll)
- Inventur
- Offene Posten
- Mahnwesen

Mehr Details finden Sie hier:
www.officefreund.de/das-software-paket

Was **OfficeFreund – Buchhaltung** auszeichnet

Dipl. Ing. Spatz über die Features von OfficeFreund:

Highlight ist die Kassenbuchverwaltung und Pflege. GoBD konform (Änderungen/Löschung wird übersichtlich in einem Journal angezeigt) mit der Möglichkeit Tagesabschlüsse durchzuführen. Damit die Kasse auch wirklich auf dem korrekten Stand ist, bietet OfficeFreund die Möglichkeit eines Zählprotokolles anhand dessen man die Kasse abgleichen kann.

Damit lässt sich die komplette Barkasse abbilden und bei vorhandenem DATEV Zusatzmodul auch gleich zum Steuerberater übertragen.

OfficeFreund – Schriftverkehr

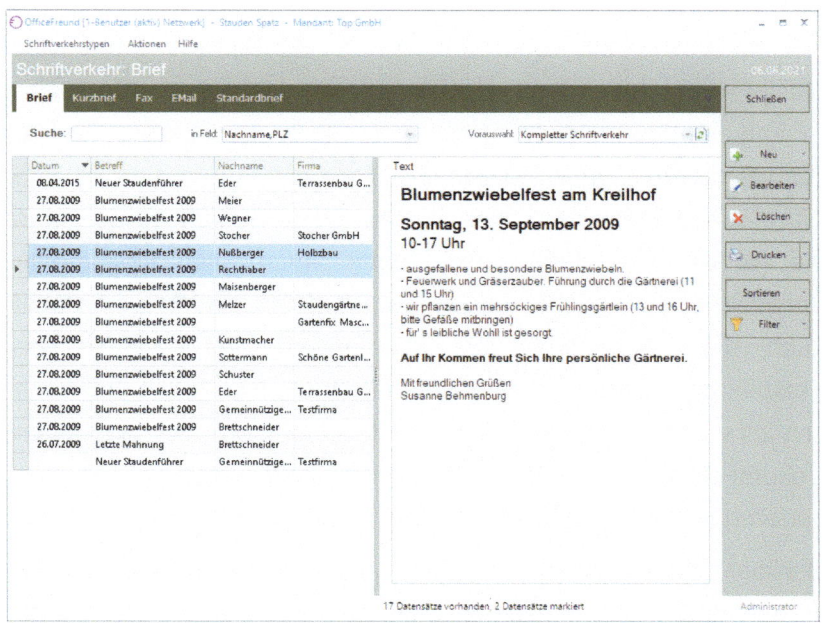

Serienbriefe und Werbepost gehören zum Marketing wie die Luft zum Atmen. Bisher war für regelmäßige Kunden- und Werbebriefe sehr viel Zeit und auch Manpower notwendig. Im digitalisierten Büro von heute ist die Optimierung des Schriftverkehrs besonders einfach machbar. Dazu gehören nicht nur Rechnungen und Mahnungen, sondern vor allem die Werbepost und Serienbriefe an (potenzielle) Kunden. Dieser Schriftverkehr kann mit der Bürosoftware OfficeFreund komplett digital organisiert, individualisiert und adressiert werden.

Mit der OfficeFreund-Software ist die Verwaltung des gesamten Schriftverkehrs möglich. Es können Standardbriefe verwaltet werden. Dazu gehören das Anlegen, Bearbeiten, Löschen und Drucken von Briefen aller Art. Dazu zählen Kurzbriefe, Faxe, E-

Mails und natürlich Standardbriefe. Fertig formatierte Dokumente können bei Bedarf angesehen werden. Der direkte Ausdruck oder das direkte Senden von E-Mails ist ebenfalls jederzeit möglich.

OfficeFreund unterstützt den Nutzer in sämtlichen relevanten Schriftverkehrsbereichen durch die intuitiv bedienbare flexible Büro-Software. Damit werden alle Geschäftsbriefe sinnvoll und effizient angelegt und können miteinander verknüpft werden, was die Arbeit vereinfacht und damit auch alle Dokumente nachvollziehbar macht. Redundanz wird vermieden und damit auch die Überlastung der Mitarbeiter. Die Auswahl von Textblöcken für Werbe- oder Standardbriefe ist einfach und kann schnell vorgenommen werden. Durch Suche und Übernahme von Dokumenten aus dem bestehenden Schriftverkehr und von anderen Briefen spart man bei der Büroarbeit Zeit.

Darüber hinaus können über das Programm auch für Messen oder zu besonderen Firmenevents, wie einem Tag der offenen Tür für ausgewählte Kunden individuelle Einladungskarten erstellt und verschickt werden.

OfficeFreund – Schriftverkehr bietet:

- Verwaltung
- Brief
- Fax
- EMail
- Serienbrief
- Standardbriefe
- Tages-Adressdruckliste
- Rechtschreibprüfung

Mehr Details finden Sie hier:
www.officefreund.de/das-software-paket

Was **OfficeFreund – Schriftverkehr** auszeichnet

Dipl. Ing. Spatz über die Features von OfficeFreund:

Highlight ist die **Anlage und Such/Einfügefunktion von Standardbriefen**. Diese können auch wie Textbausteine verwendet werden und an jeder Stelle in einem Dokument per Schnellsuche eingefügt werden. So können z.B. wiederkehrende Fragen, Anleitungen etc. immer auf die gleiche professionelle Art und Weise beantwortet werden (Experte in der Firma formuliert die Antwort, OfficeFreund Benutzer fügt diese schnell und faktensicher ein).

OfficeFreund – Zahlungsverkehr

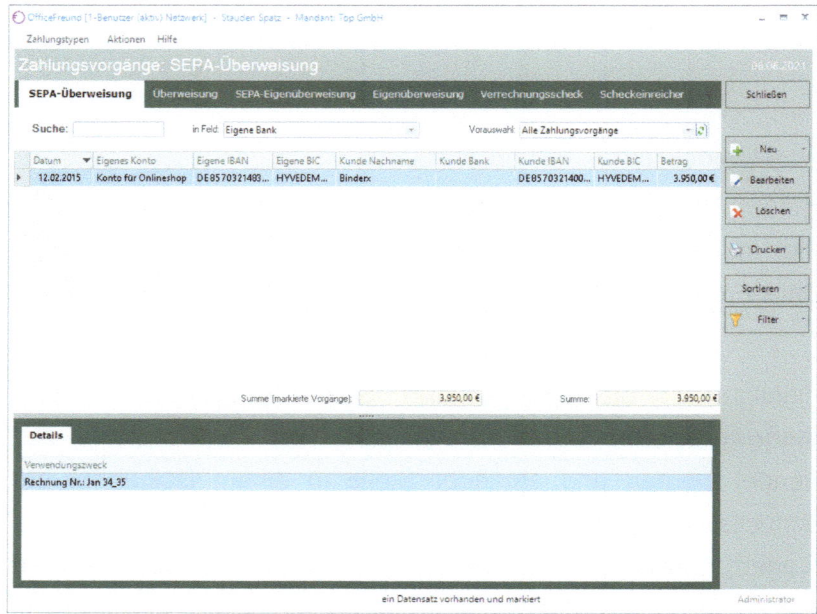

OfficeFreund – Zahlungsverkehr bietet:

- Verwalten aller Zahlungsvorgänge.
- Erstellen, Bearbeiten, Löschen und Drucken von SEPA-Überweisungen, SEPA-Eigenüberweisungen, VSchecks, Scheckeinreicher und Nachnahmeformularen
- Druck von nach Bank und Konto gruppierten Listen

Mehr Details finden Sie hier:

www.officefreund.de/das-software-paket

Was **OfficeFreund –**
Zahlungsverkehr auszeichnet

Dipl. Ing. Spatz über die Features von
OfficeFreund:

Bei Waren-Versand einfach eine SEPA Eigenüberweisung
erstellen und dem Paket vorausgefüllt beilegen und dadurch die
Zahlungsmoral des Kunden erleichtern.

OfficeFreund – Sonstige Tools

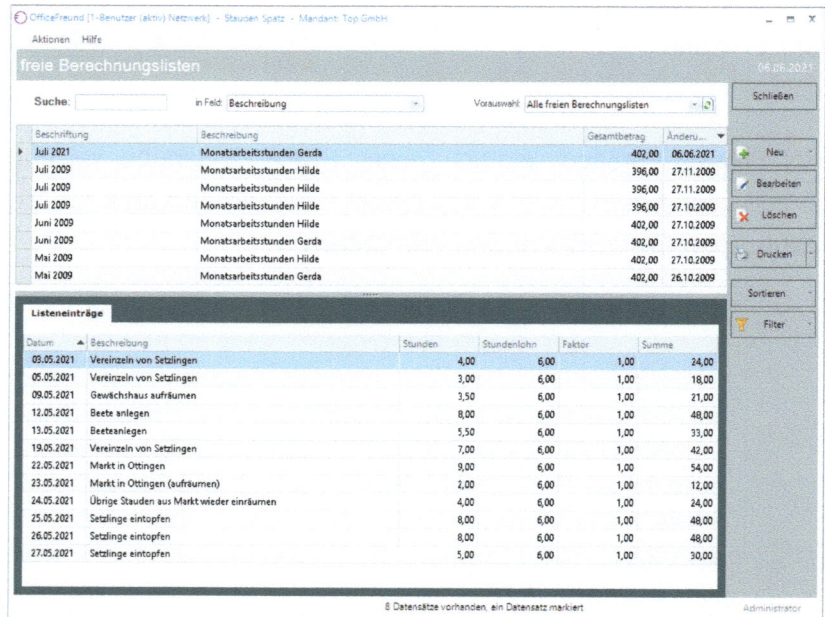

Eine freie Berechnungsliste bietet sich an, falls Sie Listen mit ein-
fachen Berechnungen erzeugen wollen. (z.B. eine Arbeitsstunden-
Liste). Die Spaltenüberschriften in der Bildschirmansicht und die
Berechnungsformel können angepasst werden.

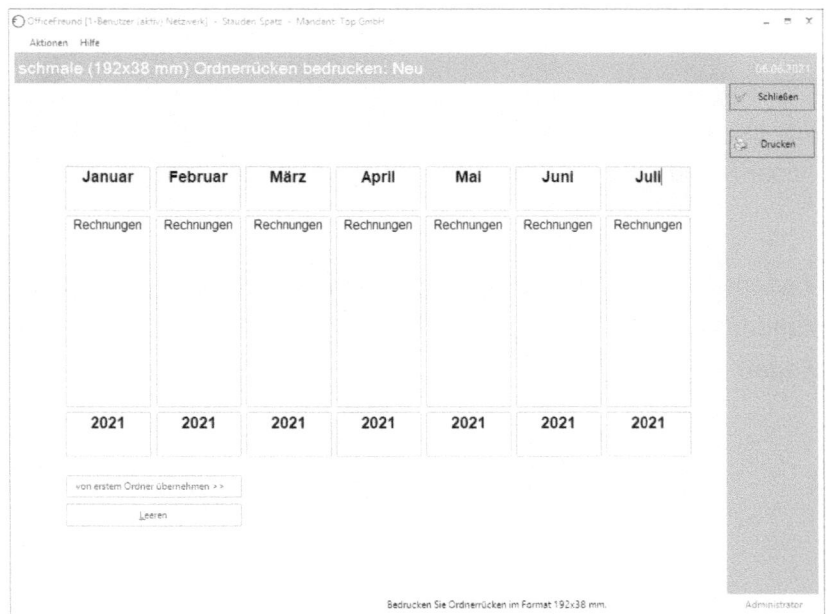

Schluss mit unbeschrifteten Aktenordnern! OfficeFreund bietet eine Ausdruckshilfe für schmale Ordnerrücken im Format 192x38mm und für breite Ordnerrücken im Format 192x61mm.

OfficeFreund – Sonstige Tools bietet:

- Freie Berechnungsliste für einfache Berechnungen
- Ordnerrücken bedrucken

Mehr Details finden Sie hier:
www.officefreund.de/das-software-paket

Was **OfficeFreund – Sonstige Tools** auszeichnet

Dipl. Ing. Spatz über die Features von OfficeFreund:

Wiederkehrende einfache Berechnungen wie z.B. eine Stundenliste für alle Freiberufler anlegen und übersichtlich pflegen.

OfficeFreund – Schnittstellen

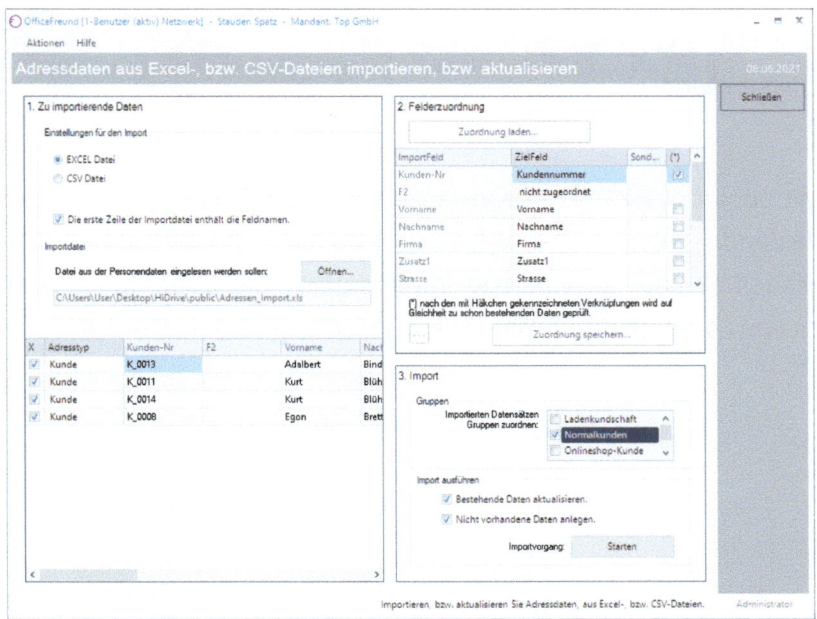

OfficeFreund – Schnittstellen bietet:

- Adress- und Artikeldaten Export aus EXCEL, bzw. CSV Dateien
- Adress- und Artikeldaten Import aus EXCEL, bzw. CSV Dateien
- Aktualisierung von Artikel-Beständen und Lagerort aus EXCEL-, bzw. CSV Dateien
- IDEA Schnittstelle (für Steuerprüfung in Deutschland notwendig)

Mehr Details finden Sie hier:

www.officefreund.de/das-software-paket

Was **OfficeFreund – Schnittstellen** auszeichnet

Dipl. Ing. Spatz über die Features von OfficeFreund:

Mit unserem EXCEL Import lassen sich komplexe große Lagerbestände anlegen und aktualisieren. Durch die Möglichkeit für wiederkehrende gleichartige Importdateien die Zuordnungsdatei zu speichern **gewinnt man Zeit und Zuordnungssicherheit.**

OfficeFreund – Grundeinstellungen

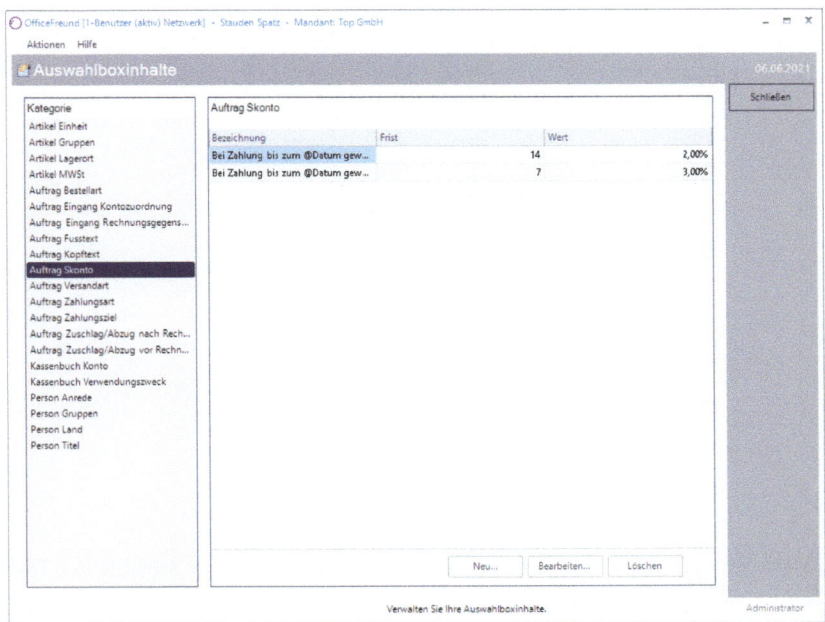

In den Grundeinstellungen können Sie zahlreiche Einstellungen anpassen und damit ganz auf Ihr Unternehmen zugeschnitten einstellen. Das Bearbeiten, neu Erstellen und Löschen von Auswahlboxinhalten (wie z.B. Artikel Einheit, Auftrag Kopftext, Auftrag Zahlungsziel, etc.) ist jederzeit möglich und spart Zeit im täglichen Betrieb.

Es können für alle Maskenfenster Voreinstellungen eingestellt werden, die bei der Neuanlage eines neuen Datensatzes auto-matisch voreingestellt werden. Auch die jeweils neue Datenzeile z.B. in der Artikelzeile der Aufträge (z.B. Rechnung) kann individuell voreingestellt werden.

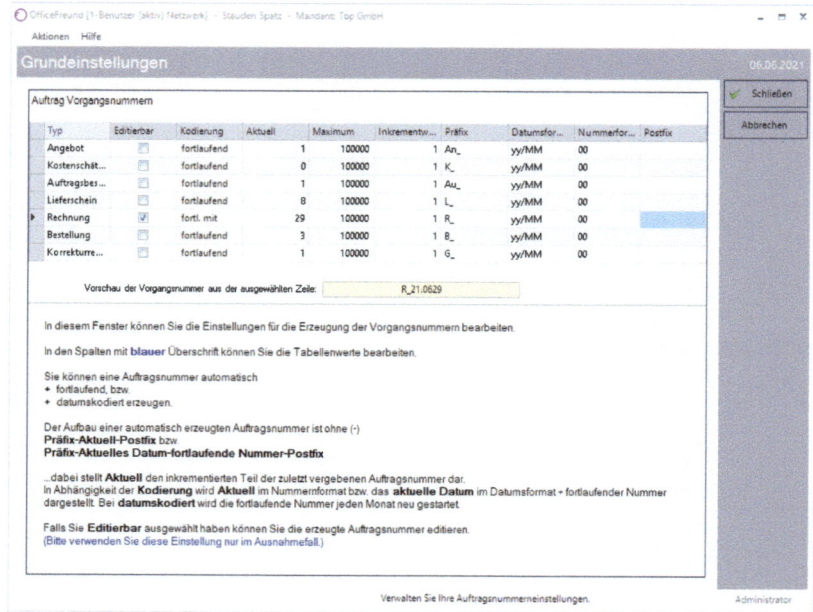

Jede Vorgangsart (z.B. Angebot, Rechnung, Lieferschein, etc.) hat einen eigenen Nummernkreis mit unterschiedlichen Formatierungs- und Erstellungsoptionen: Kodierung fortlaufend, datumskodiert und fortlaufend mit Datum möglich. Die vorgenommenen Einstellungen können anhand einer Vorschau überprüft werden.

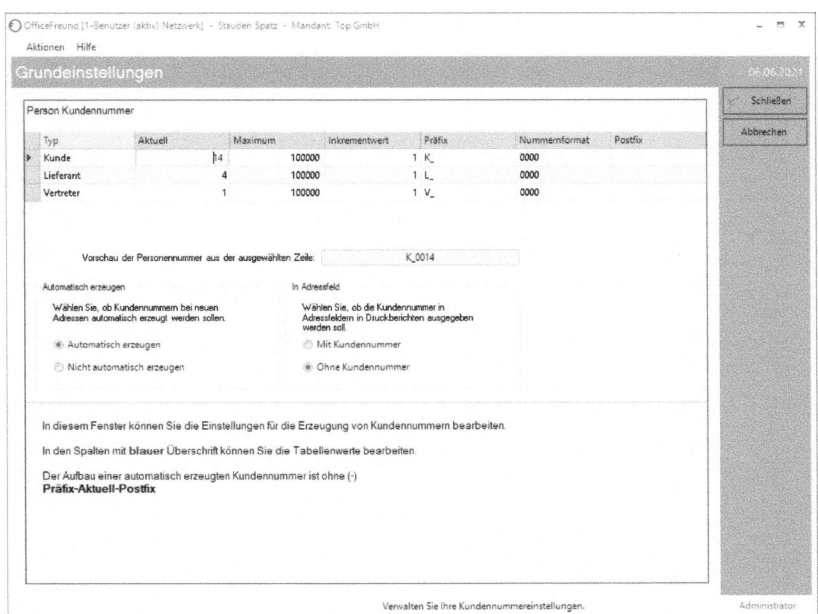

In der Adressverwaltung hat jede Adressart (z.B. Kunde, Lieferant, Vertreter, etc.) für die „Adressnummer" einen eigenen Nummern-kreis mit unterschiedlichen Formatierungsmöglichkeiten. Kunden-nummern können automatisch erzeugt werden.

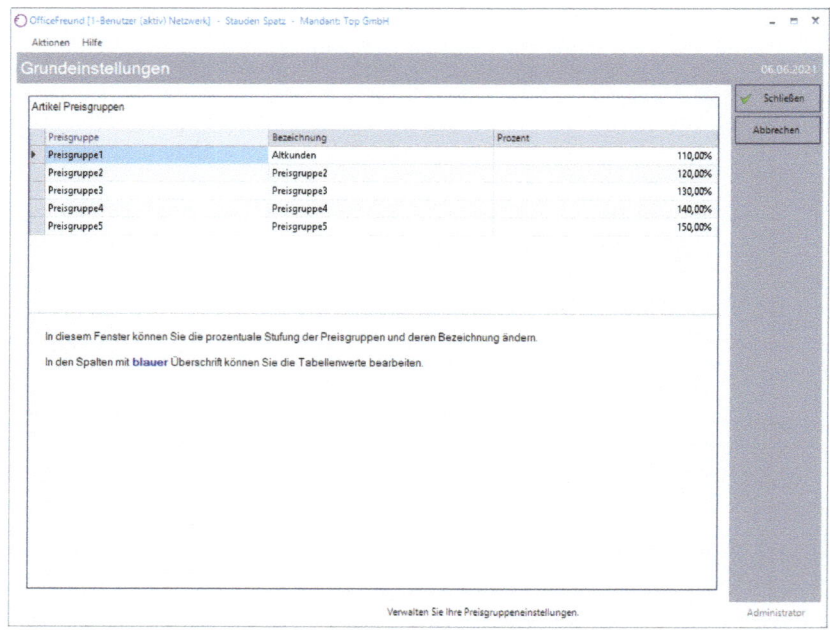

Der wichtigste Faktor in der Buchführung: die Zahlen!

- Für Artikel können fünf verschiedene Preisgruppen genutzt werden.
- Jedem Kunden kann eine Preisgruppen-Kategorie zugeordnet werden.
- Für die Währung können Sie in den Einstellungen zwischen EURO, Schweizer Franken, Dollar und Pfund unterscheiden.
- Die Mehrwertsteuer kann voreingestellt werden. Wichtig für Kunden aus Österreich, Schweiz und anderen Ländern: Die MwSt.-Einstellungen sind nicht auf Deutschland beschränkt.

OfficeFreund – Grundeinstellungen bietet:

- zahlreiche Einstellungen anpassen und damit ganz individuell auf das eigene Unternehmen zuschneiden
- Auswahlboxinhalte bearbeiten, neu erstellen und löschen
- eigener Nummernkreis für jede Vorgangsart
- jeder Nummernkreis kann mit unterschiedlichen Formatierungs- und Einstellungsoptionen versehen werden
- Kodierung fortlaufend, datumskodiert und fortlaufend mit Datum möglich
- Überschrift der verschiedenen Vorgangsarten für den Ausdruck veränderbar
- Überschrift in einzelnen Auftrags-Druckberichten (wie z.B. Rechnung) nochmals separat für verschiedene Druckberichte einstellbar
- fünf verschiedene Preisgruppen für Artikel nutzbar
- jedem Kunden kann eine Preisgruppen-Kategorie zugeordnet werden
- jede Adressart (z.B. Kunde, Lieferant, Vertreter, etc.) hat für die „Adressnummer" einen eigenen Nummernkreis mit unterschiedlichen Formatierungsmöglichkeiten
- Kundennummern können automatisch erzeugt werden
- Währung: EURO, Schweizer Franken, Dollar und Pfund unterscheidbar
- Mehrwertsteuersätze können voreingestellt werden (daher nicht auf die in Deutschland gültigen MwSt.-Sätze beschränkt)

- PDF Speicherpfade individualisieren: Ausgabe der PDF Speicherorte und Namen für jede Vorgangsart (Angebot, Rechnung etc.) differenziert einstellbar
- Sucheinstellungen global anpassen

Mehr Details finden Sie hier:
www.officefreund.de/das-software-paket

Was **OfficeFreund – Grundeinstellungen** auszeichnet

Dipl. Ing. Spatz über die Features von OfficeFreund:

Highlight unserer Voreinstellungen ist die **Möglichkeit in jedem Maskenfenster** (sei es Angebot, Rechnung, Brief, Artikel etc.) **individuelle Voreinstellungen** zu setzen, die bei der Erzeugung dieses Vorganges als Voreinstellung eingetragen werden und **somit Zeit ersparen**.

OfficeFreund – Benutzer und Mandanten

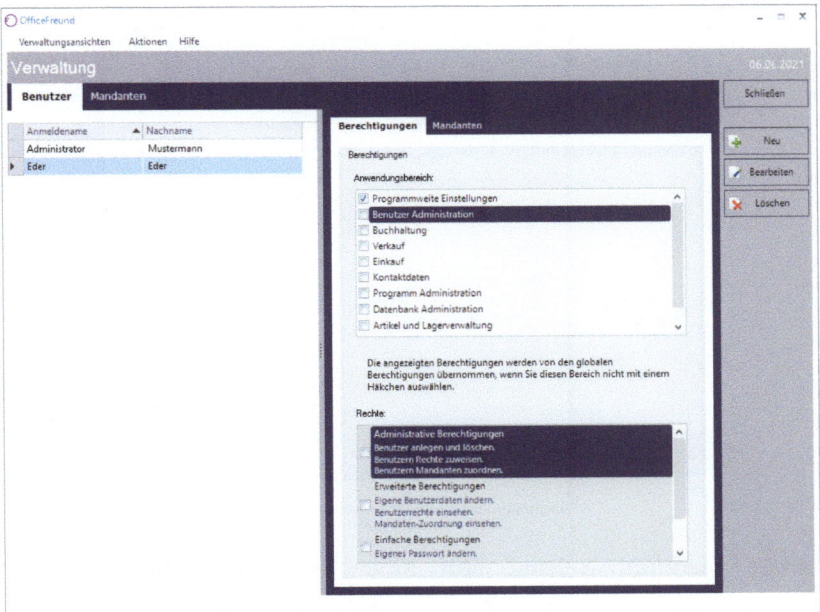

In der Mehrplatz-Version von OfficeFreund können mehrere Benutzer mit unterschiedlichen Rechten angelegt werden. OfficeFreund ist erweiterbar auf bis zu 20 gleichzeitig arbeitende Benutzer. Mit OfficeFreund können verschiedene komplett getrennte Firmen (Mandanten) verwaltet werden. Es gibt eine detaillierte Einschränkung von Benutzerrechten.

Für jeden Benutzer wird eine benutzerspezifische Signatur eingetragen. Diese Signatur kann in allen Schriftverkehrsdokumenten eingefügt werden. Selbstverständlich wird für jeden Benutzer ein eigenes Passwort vergeben.

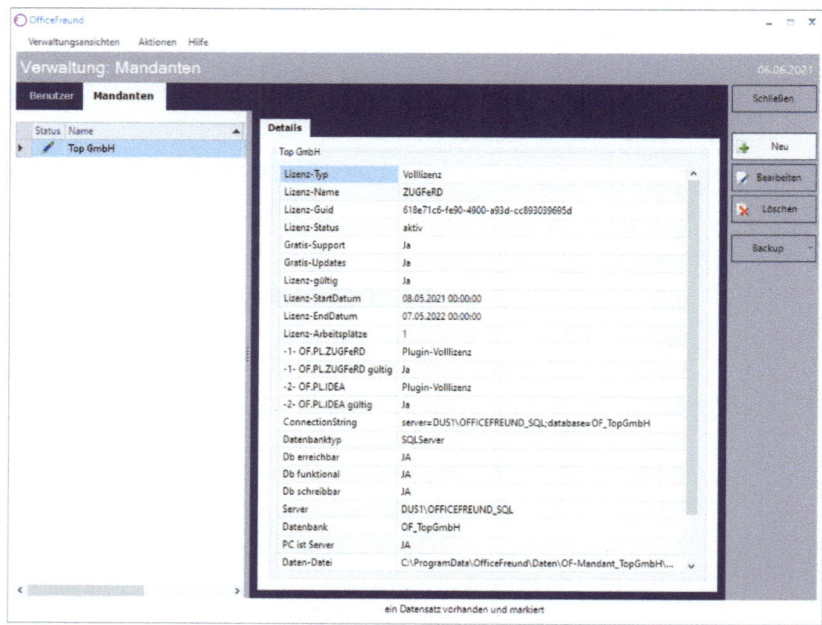

Jeder Mandant repräsentiert eine eigenständige Firma. Sie können beliebig viele Firmen (Mandanten) neu erstellen, bearbeiten und löschen.

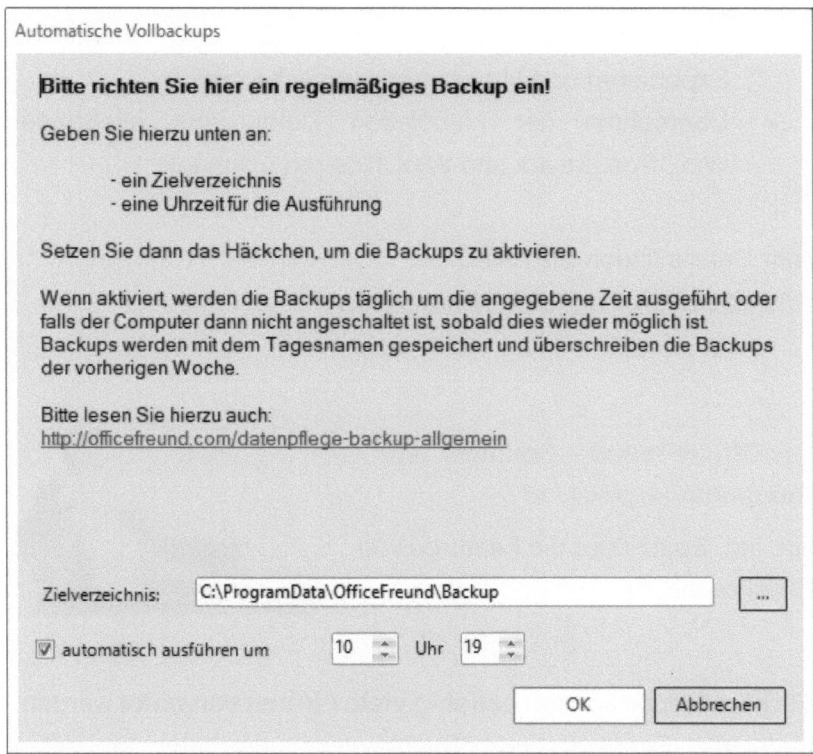

Oft unterschätzt, aber für jedes Unternehmen überlebenswichtig: Datensicherung!

Sie können ein automatisches Backup aller Daten zu einer bestimmten Uhrzeit einstellen und Sicherungen manuell exportieren und importieren.

OfficeFreund – Benutzer und Mandanten bietet:

- Benutzer neu erstellen, bearbeiten, löschen
- Einsicht der für einen Benutzer verfügbaren Mandanten
- beliebig viele Mandanten (Firmen) neu erstellen, bearbeiten, löschen

- Datensicherung: automatisches Backup, manuelles Exportieren und Importieren von Sicherungen
- Übernahme der kompletten Daten aus bits&paper WinOffice pro 4.x und WinOffice pro 5.x möglich

Mehr Details finden Sie hier:
www.officefreund.de/das-software-paket

Was **OfficeFreund – Benutzer und Mandanten** auszeichnet

Dipl. Ing. Spatz über die Features von OfficeFreund:

Mit OfficeFreund können **beliebig viele Firmen verwaltet** werden. Durch die Benutzer- und Rechteverwaltung kann für jeden Einsatzbereich und Anwender eine fein justierte Oberfläche erzeugt werden (jeder sieht nur das, was er auch sehen soll/darf).

OfficeFreund – Drucken

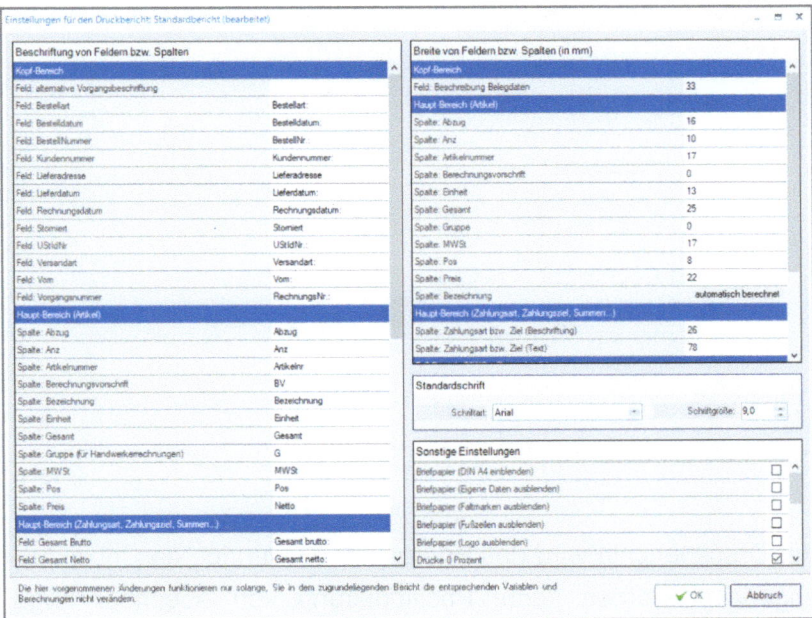

Alle Druckberichte können gedruckt, als PDF gespeichert, oder als EXCEL Datei abgespeichert werden. Alle Listendarstellungen können ausgedruckt werden. Direkter Druck von gespeicherten Vorgängen aus allen Verwaltungsfenstern heraus.

Über 100 vorgefertigte Standard-Druckberichte stehen zur Verfügung. Darüber hinaus lässt sich jeder Druckbericht über das Dialogfenster sehr einfach anpassen: Alle festen Texte können geändert werden, Spalten können ein- und ausgeblendet bzw. in der Breite geändert werden. Die Gesamtbreite des Ausdrucks wird automatisch angepasst.

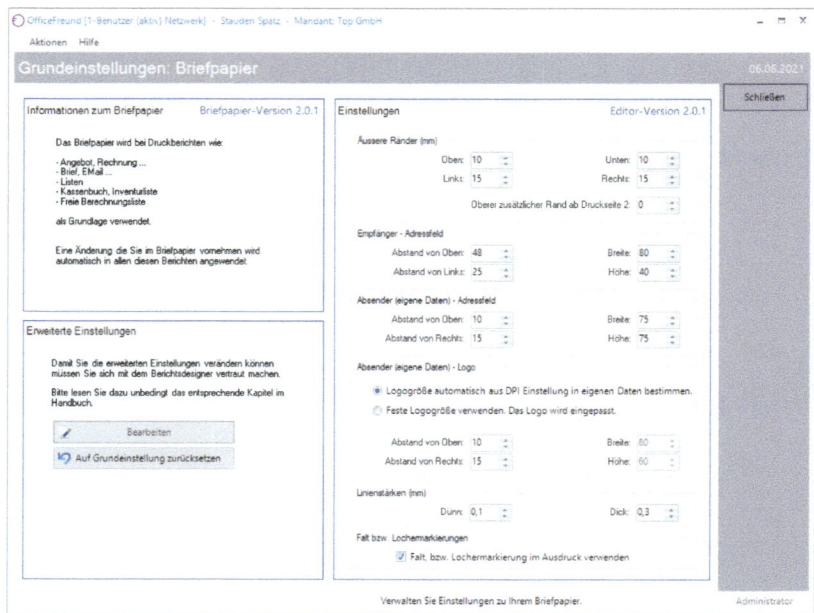

Für Druckberichte wird das Briefpapier verwendet, das individuell angepasst werden kann: Positionierung von Absender Logo, Adresse und Empfängeradressfeld, Einstellung der Druckränder.

OfficeFreund – Drucken bietet:

- alle Druckberichte können gedruckt, als PDF gespeichert, oder als EXCEL Datei abgespeichert werden
- Listendarstellungen ausdrucken
- über 100 vorgefertigte Standard-Druckberichte
- Druckberichte anpassen, neu anlegen, bearbeiten
- Import und Export von Druckberichten
- Briefpapier für Druckberichte individuell anpassen: Positionierung von Absender Logo, Adresse und Empfängeradressfeld, Einstellung der Druckränder

- Einfügen eines DIN A4 Briefpapieres in vorprogrammiertem Container möglich

Mehr Details finden Sie hier:
www.officefreund.de/das-software-paket

Was **OfficeFreund – Drucken** auszeichnet

Dipl. Ing. Spatz über die Features von OfficeFreund:

Der Druckbereich ist ein absolutes Highlight. Es können für **jeden Druckbereich beliebige Druckberichte** angelegt und angepasst werden. Für die gängigen Einstellungen wie Spaltenbreiten und Änderung von Texten und Spaltenüberschriften haben wir ein **absolut einfaches selbsterklärendes Fenster** gebaut.

Für komplexe Änderungen haben wir einen der modernsten Berichtsdesigner Deutschlands integriert. d

Es kann auf einfache Weise Firmenbriefpapier in DIN A4 Größe hinterlegt werden und in Druckberichten ein, bzw. ausgeblendet werden. **So lassen sich in kürzester Zeit Druckberichte für den PDF Versand und für den Ausdruck gestalten und verwenden**.

KUNDENFEEDBACKS

Küchenschmiede Erding e.K.

Unternehmen:
Küchenschmiede Erding e.K.

Inhaber / Geschäftsführer:
Hubert Marsmann

Branche: Küchenfachgeschäft, Möbel-Einzelhandel

Mitarbeiter: 7 Mitarbeiter im Geschäft, 4 Schreiner

Website: www.kuechenschmiede-erding.de

Wie würden Sie kurz die Arbeit und das Tätigkeitsfeld Ihres Unternehmens beschreiben?

Wir sind ein Küchenstudio, welches sich auf hochwertige Küchen spezialisiert hat. Wir planen die Küchen und betreuen die Kunden während des ganzen Prozesses bis zum Einbau.

Gibt es schon lange eine digitalisierte Büroorganisation bzw. Verwaltung in Ihrem Unternehmen?

Seit Start des Unternehmens (2005) wird OfficeFreund genutzt.

Wann und wie wurden Sie auf OfficeFreund (früher WinOffice pro) aufmerksam?

Es war damals eine preiswerte Unterstützung.

Was gab den Ausschlag für die Nutzung von OfficeFreund in ihrem Unternehmen?

Rechnungen.

Was hat Sie am meisten überrascht, als Sie oder Ihre Mitarbeiter mit OfficeFreund zu arbeiten begonnen haben?

Die einfache Handhabung.

Wo sehen Sie die größten Vorteile der Nutzung von Office-Freund gegenüber anderen Bürosoftwarelösungen am Markt?

Keine Vergleiche möglich, da OfficeFreund von Anfang an genutzt wurde.

Wieviele Mitarbeiter arbeiten mit OfficeFreund?

7 Mitarbeiter im Geschäft.

Mit welchen Bereichen von OfficeFreund wird in Ihrem Unternehmen überdurchschnittlich oft oder regelmäßig gearbeitet?

1. Adressen verwalten, da wir alle Kunden, Vertreter und Lieferanten hinterlegen,
2. Rechnungen schreiben,
3. vorhinterlegte Briefe verfassen und drucken.

OfficeFreund schreibt sich ja vor allem die einfache Usability und die intuitive Nutzung auf die Fahnen. Können Sie diese einfache Handhabung bestätigen?

Ja, die Handhabung ist sehr einfach. Wenn man etwas Voreingestelltes ändern möchte, sucht man ein bisschen, aber sonst ist es sehr einfach.

Welche Tools und Software-Lösungen fehlen Ihnen derzeit noch bei OfficeFreund?

Dokumente zu einzelnen Kundenstämmen hinzufügen, welche nicht im OfficeFreund erstellt wurden.

Wie finden Sie das Preis-/Leistungsverhältnis von Office-Freund?

Super.

Sind Sie mit dem Support von OfficeFreund zufrieden?

Ja, immer zügig und hilfsbereit.

Zum Schluss bitte noch eine Info über die wichtigsten Features, die Ihr Unternehmen im Software-Paket von OfficeFreund am meisten nutzt:

	oft	selten	nie
Auftrag Faktura			
- Verwaltung	x		
- von Angebot bis Rechnung	x		
- Sammelrechnung		x	
- Teil/Schlussrechnung	x		
- ABO-Rechnung Erzeugung (für wiederkehrende Abrechnungen)			x
Eingangsrechnung			
Adressen			
- Verwaltung	x		
- Kunden	x		
- Lieferanten	x		
- Vertreter	x		
Artikel			
- Verwaltung			x
- Artikel			x
- Artikelkombinationen			x
- Freitexte			x
Schriftverkehr			
- Verwaltung	x		
- Brief	x		
- Fax			x
- EMail			x
- Serienbrief			x
- Standardbriefe			x
- Tages-Adressdruckliste			x
Buchhaltung			
- Kassenbuch (mit Tagesabschluss, Zählprotokoll)			x
- Inventur			x
- Offene - Posten			x
- Mahnwesen			x
Auswertungen			
- Gesamtumsätze			x
- Artikel Renner-Penner Auswertung			x
- Artikelbezug eines Kunden			x

- Artikel eines Lieferanten			x
Zahlungsverkehr (beides auf Zahlungsvordrucke)			
- SEPA-Überweisung			x
- SEPA-Eigenüberweisung			x
Sonstiges			
- Freie Berechnungsliste (für einfache Berechnungen)			x
Schnittstellen			
- Adress und Artikeldaten Export aus EXCEL, bzw. CSV Dateien			x
- IDEA Schnittstelle (für Steuerprüfung in Deutschland notwendig)			x
- elektronische Rechnung (ZugFERD 2) erhältlich ab 21.06.2021			x
- DATEV Export In Arbeit			x

Gärtnerei StaudenSpatz

Unternehmen:

Gärtnerei StaudenSpatz

Inhaber / Geschäftsführer:

Dipl.-Ing. Susanne Spatz-
Behmenburg

Branche: Gartenbau/Landwirtschaft

Mitarbeiter: 8

Website: www.staudenspatz.de

Wie würden Sie kurz die Arbeit und das Tätigkeitsfeld Ihres Unternehmens beschreiben?

Staudengärtnerei mit großem Sortiment an selbst produzierten winterharten Stauden, Kräutern, Gräsern. Viel Privatverkauf an

Gartenbesitzer, aber auch Absatz über Online-Shop und an Wiederverkäufer, Pflanzplanungen und Beratung.

Gibt es schon lange eine digitalisierte Büroorganisation bzw. Verwaltung in Ihrem Unternehmen?

Von Anfang an.

Wann und wie wurden Sie auf OfficeFreund (früher WinOffice pro) aufmerksam?

2005(?) durch Arnold Spatz.

Was gab den Ausschlag für die Nutzung von OfficeFreund in ihrem Unternehmen?

Übersichtlich, praktisch, benutzerfreundlich.

Was hat Sie am meisten überrascht, als Sie oder Ihre Mitarbeiter mit OfficeFreund zu arbeiten begonnen haben?

Der sehr kompetente und freundliche Kundenservice/Hilfe.

Wieviele Mitarbeiter arbeiten mit OfficeFreund?

Momentan einer, zukünftig evtl. 2.

Mit welchen Bereichen von OfficeFreund wird in Ihrem Unternehmen überdurchschnittlich oft oder regelmäßig gearbeitet?

1. Rechnungen stellen,
2. Buchführung/Kassenbuch.

OfficeFreund schreibt sich ja vor allem die einfache Usability und die intuitive Nutzung auf die Fahnen. Können Sie diese einfache Handhabung bestätigen?

Ja.

Wie up to date ist OfficeFreund bei der Gesetzeskonformität, bzw. bei der Implementierung neuer gesetzesrelevanter Tools? Stichworte z. B. GoBD, DSGVO, IDEA, DATEV, ZUGFeRD, etc.

Ich hoffe, ganz weit oben, kenne mich da aber zu wenig aus.

Wie finden Sie das Preis-/Leistungsverhältnis von Office-Freund?

Sehr fair und günstig.

Sind Sie mit dem Support von OfficeFreund zufrieden?

Ja sehr.

Möchten Sie ein ganz persönliches Statement zur Nutzung von OfficeFreund geben?

Zur unkomplizierten Angebots- und Rechnungsstellung einfach super!

Zum Schluss bitte noch eine Info über die wichtigsten Features, die Ihr Unternehmen im Software-Paket von OfficeFreund am meisten nutzt:

	oft	selten	nie
Auftrag Faktura			
- Verwaltung		x	
- von Angebot bis Rechnung	x		
- Sammelrechnung			x
- Teil/Schlussrechnung			x
- ABO-Rechnung Erzeugung (für wiederkehrende Abrechnungen)			x
Eingangsrechnung			x
Adressen	x		
- Verwaltung	x		
- Kunden	x		
- Lieferanten		x	
- Vertreter			
Artikel			
- Verwaltung		x	
- Artikel		x	
- Artikelkombinationen			x
- Freitexte			x
Schriftverkehr			
- Verwaltung		x	
- Brief		x	
- Fax			x
- EMail		x	
- Serienbrief			x
- Standardbriefe		x	
- Tages-Adressdruckliste			x
Buchhaltung			
- Kassenbuch (mit Tagesabschluss, Zählprotokoll)	x		
- Inventur			x
- Offene - Posten		x	
- Mahnwesen		x	
Auswertungen			
- Gesamtumsätze		x	
- Artikel Renner-Penner Auswertung		x	
- Artikelbezug eines Kunden		x	

- Artikel eines Lieferanten			x
Zahlungsverkehr (beides auf Zahlungsvordrucke)			
- SEPA-Überweisung			x
- SEPA-Eigenüberweisung			x
Sonstiges			
- Freie Berechnungsliste (für einfache Berechnungen)			x
Schnittstellen			
- Adress und Artikeldaten Export aus EXCEL, bzw. CSV Dateien	x		
- IDEA Schnittstelle (für Steuerprüfung in Deutschland notwendig)			x
- elektronische Rechnung (ZugFERD 2) erhältlich ab 21.06.2021			x
- DATEV Export In Arbeit			x

Alpenland Kosmetik

Unternehmen:
Alpenland Kosmetik

Inhaber / Geschäftsführer:
Alexander Bauer

Branche: Kosmetik-Versandhandel

Mitarbeiter: Frau Poller

Website: www.alpenland-kosmetik.de

Wie würden Sie kurz die Arbeit und das Tätigkeitsfeld Ihres Unternehmens beschreiben?

Wir besuchen mit unseren alpenländischen Raritäten Messen und Märkte und versenden diese auch an Endverbraucher und Wiederverkäufer

Gibt es schon lange eine digitalisierte Büroorganisation bzw. Verwaltung in Ihrem Unternehmen?

Ja.

Wann und wie wurden Sie auf OfficeFreund (früher WinOffice pro) aufmerksam?

Durch Suche im Internet.

Was gab den Ausschlag für die Nutzung von OfficeFreund in ihrem Unternehmen?

Die leichte Bedienung, der einfache Aufbau (alles was für uns wichtig war ist drin, alles was wir nicht brauchen draußen ☺).

Noch immer sind viele KMUs und noch mehr EPUs ohne digitale Bürosoftware ausgestattet. Gerade der Lockdown hat gezeigt, wie wichtig digitales Arbeiten – auch im Homeoffice ist, damit das Unternehmen weiter aktiv agieren kann. Was wäre Ihr Ratschlag an diese Offline-Unternehmer?

Sie sprechen es oben an... ohne digitales Arbeiten und Auftritt im Internet ist man nicht mehr wettbewerbsfähig! Das Arbeiten, z.B. auch mit dem Steuerberater, wäre ohne digitales Arbeiten erheblich aufwendiger und teurer.

Was hat Sie am meisten überrascht, als Sie oder Ihre Mitarbeiter mit OfficeFreund zu arbeiten begonnen haben?

Dass die Bedienung so einfach ist, dass es auch mein „Büro" unerfahrener Mann verwenden konnte ☺.

Wo sehen Sie die größten Vorteile der Nutzung von Office-Freund gegenüber anderen Bürosoftwarelösungen am Markt?

Bezahlbar!! Übersichtlich!! <u>Immer jemand erreichbar und schnellste Hilfe bei Problemen!!</u>

Erweiterbar je nach Bedarf. Direkter Kontakt mit dem Entwickler. Wunschäußerung möglich!!

Wieviele Mitarbeiter arbeiten mit OfficeFreund?

1 Mitarbeiter.

Mit welchen Bereichen von OfficeFreund wird in Ihrem Unternehmen überdurchschnittlich oft oder regelmäßig gearbeitet?

1. Rechnungserstellung – für den Warenversand,
2. Serienbrief – für Rundschreiben an die Kunden,
3. Umsatzlisten.

OfficeFreund schreibt sich ja vor allem die einfache Usability und die intuitive Nutzung auf die Fahnen. Können Sie diese einfache Handhabung bestätigen?

JAAAA!!

Wie up to date ist OfficeFreund bei der Gesetzeskonformität, bzw. bei der Implementierung neuer gesetzesrelevanter Tools? Stichworte z. B. GoBD, DSGVO, IDEA, DATEV, ZUGFeRD, etc.

Wir hatten bis jetzt keinerlei Probleme.

Welche Tools und Software-Lösungen fehlen Ihnen derzeit noch bei OfficeFreund?

DATEV Anbindung – aber das ist ja bereits in Arbeit.

Wie finden Sie das Preis-/Leistungsverhältnis von Office-Freund?

Hervorragend.

Sind sie mit dem Support von OfficeFreund zufrieden?

SEHR!!!

Möchten Sie ein ganz persönliches Statement zur Nutzung von OfficeFreund geben?

Wir sind schon lange mit dabei, freuen uns immer über Erweiterungen und Erneuerungen und können es uns ohne das Programm gar nicht mehr vorstellen.

Zum Schluss bitte noch eine Info über die wichtigsten Features, die Ihr Unternehmen im Software-Paket von OfficeFreund am meisten nutzt:

	oft	selten	nie
Auftrag Faktura			
- Verwaltung		x	
- von Angebot bis Rechnung	x		
- Sammelrechnung			x
- Teil/Schlussrechnung			x
- ABO-Rechnung Erzeugung (für wiederkehrende Abrechnungen)			x

Eingangsrechnung			x
Adressen	x		
- Verwaltung	x		
- Kunden	x		
- Lieferanten		x	
- Vertreter			
Artikel			
- Verwaltung		x	
- Artikel		x	
- Artikelkombinationen			x
- Freitexte			x
Schriftverkehr			
- Verwaltung		x	
- Brief		x	
- Fax			x
- EMail		x	
- Serienbrief			x
- Standardbriefe		x	
- Tages-Adressdruckliste			x
Buchhaltung			
- Kassenbuch (mit Tagesabschluss, Zählprotokoll)	x		
- Inventur			x
- Offene - Posten		x	
- Mahnwesen		x	
Auswertungen			
- Gesamtumsätze		x	
- Artikel Renner-Penner Auswertung		x	
- Artikelbezug eines Kunden		x	
- Artikel eines Lieferanten			x
Zahlungsverkehr (beides auf Zahlungsvordrucke)			
- SEPA-Überweisung			x
- SEPA-Eigenüberweisung			x
Sonstiges			
- Freie Berechnungsliste (für einfache Berechnungen)			x
Schnittstellen			

- Adress und Artikeldaten Export aus EXCEL, bzw. CSV Dateien		x	
- IDEA Schnittstelle (für Steuerprüfung in Deutschland notwendig)			x
- elektronische Rechnung (ZugFERD 2) erhältlich ab 21.06.2021			x
- DATEV Export In Arbeit			x

Schreinerei Thaler

Unternehmen:
Schreinerei Thaler

Inhaber / Geschäftsführer:
Alexander Thaler

Branche: Schreinerei

Mitarbeiter: keine

Visitenkarte im Web: schreinermeister-thaler.de

Wie würden Sie kurz die Arbeit und das Tätigkeitsfeld Ihres Unternehmens beschreiben?

Herstellen von individuellen Möbeln und Innenausbau.

Gibt es schon lange eine digitalisierte Büroorganisation bzw. Verwaltung in Ihrem Unternehmen?

Ja, seit dem Jahr 2000.

Wann und wie wurden Sie auf OfficeFreund (früher WinOffice pro) aufmerksam?

Durch die Firma Bits&Paper.

Was gab den Ausschlag für die Nutzung von OfficeFreund in Ihrem Unternehmen?

Ich war mit WinOffice/WinOffice pro (Vorgänger von OfficeFreund) sehr zufrieden. Wenn ich Probleme oder Fragen hatte, wurde mir immer schnell geholfen.

Noch immer sind viele KMUs und noch mehr EPUs ohne digitale Bürosoftware ausgestattet. Gerade der Lockdown hat gezeigt, wie wichtig digitales Arbeiten – auch im Homeoffice ist, damit das Unternehmen weiter aktiv agieren kann. Was wäre Ihr Ratschlag an diese Offline- Unternehmer?

Legt euch Digitale Bürosoftware zu, es geht nicht mehr ohne.

Was hat Sie am meisten überrascht, als Sie oder Ihre Mitarbeiter mit OfficeFreund zu arbeiten begonnen haben?

Dass alles reibungslos bei der Übernahme der alten Daten geklappt hat.

Wo sehen Sie die größten Vorteile der Nutzung von Office-Freund gegenüber anderen Bürosoftwarelösungen am Markt?

Sie macht das, was sie soll, ist nicht aufgeblasen und leicht beherrschbar, man kann vieles auf sich zuschneiden.

Wieviele Mitarbeiter arbeiten mit OfficeFreund?

Nur noch ich. Ich habe abgespeckt, da ich in 2,25 Jahren in Rente gehe.

Mit welchen Bereichen von OfficeFreund wird in Ihrem Unternehmen überdurchschnittlich oft oder regelmäßig gearbeitet?

1. Angebote/Kostenschätzungen,
2. Rechnungen, auch viel per Email,
3. Artikelsammlung.

OfficeFreund schreibt sich ja vor allem die einfache Usability und die intuitive Nutzung auf die Fahnen. Können Sie diese einfache Handhabung bestätigen?

Ja, auf jeden Fall.

Wie up to date ist OfficeFreund bei der Gesetzeskonformität, bzw. bei der Implementierung neuer gesetzesrelevanter Tools? Stichworte z. B. GoBD, DSGVO, IDEA, DATEV, ZUGFeRD, etc.

Absolut gut.

Welche Tools und Software-Lösungen fehlen Ihnen derzeit noch bei OfficeFreund?

Wenn man in der freien Berechnungsliste auf die Artikelliste zugreifen und einfügen könnte, damit man damit Kalkulationen erstellen kann.

Wie finden Sie das Preis-/Leistungsverhältnis von Office-Freund?

Hervorragend, großes Lob.

Sind sie mit dem Support von OfficeFreund zufrieden?

Sehr zufrieden.

Möchten Sie ein ganz persönliches Statement zur Nutzung von OfficeFreund geben?

Ich bin rundum zufrieden.

Zum Schluss bitte noch eine Info über die wichtigsten Features, die Ihr Unternehmen im Software-Paket von OfficeFreund am meisten nutzt:

	oft	selten	nie
Auftrag Faktura			
- Verwaltung	x		
- von Angebot bis Rechnung	x		
- Sammelrechnung	x		
- Teil/Schlussrechnung	x		
- ABO-Rechnung Erzeugung (für wiederkehrende Abrechnungen)			x
Eingangsrechnung			
Adressen			
- Verwaltung		x	
- Kunden	x		
- Lieferanten	x		
- Vertreter		x	
Artikel			
- Verwaltung	x		
- Artikel	x		

- Artikelkombinationen	x		
- Freitexte	x		
Schriftverkehr			
- Verwaltung		x	
- Brief	x		
- Fax			x
- EMail	x		
- Serienbrief		x	
- Standardbriefe	x		
- Tages-Adressdruckliste		x	
Buchhaltung			
- Kassenbuch (mit Tagesabschluss, Zählprotokoll)		x	
- Inventur			x
- Offene - Posten	x		
- Mahnwesen	x		
Auswertungen			
- Gesamtumsätze	x		
- Artikel Renner-Penner Auswertung		x	
- Artikelbezug eines Kunden		x	
- Artikel eines Lieferanten	x		
Zahlungsverkehr (beides auf Zahlungsvordrucke)			
- SEPA-Überweisung			x
- SEPA-Eigenüberweisung			x
Sonstiges			
- Freie Berechnungsliste (für einfache Berechnungen)	x		
Schnittstellen			
- Adress und Artikeldaten Export aus EXCEL, bzw. CSV Dateien			x
- IDEA Schnittstelle (für Steuerprüfung in Deutschland notwendig)		x	
- elektronische Rechnung (ZugFERD 2) erhältlich ab 21.06.2021			
- DATEV Export In Arbeit			

Prodakt KG

Unternehmen:
Prodakt KG

Inhaber / Geschäftsführer:
Andreas Schmipl

Branche: Werbemittel Textilhandel und Druck

Mitarbeiter: 4 im Büro, 12 in der Produktion

Visitenkarte im Web: www.prodakt.at

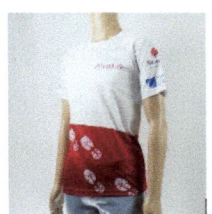

Wie würden Sie kurz die Arbeit und das Tätigkeitsfeld Ihres Unternehmens beschreiben?

Werbemittel Textilhandel und Druck.

Gibt es schon lange eine digitalisierte Büroorganisation bzw. Verwaltung in Ihrem Unternehmen?

Ja, seit ca. 15 Jahren mit WinOffice pro.

Wann und wie wurden Sie auf OfficeFreund (früher WinOffice pro) aufmerksam?

Durch einen Bekannten auf WinOffice pro 4.2

Was gab den Ausschlag für die Nutzung von OfficeFreund in Ihrem Unternehmen?

Einfache Bedienung, leichte Anpassung, sehr einfaches Verständnis, gutes Preisleistungssystem, gutes Service.

Noch immer sind viele KMUs und noch mehr EPUs ohne digitale Bürosoftware ausgestattet. Gerade der Lockdown hat gezeigt, wie wichtig digitales Arbeiten – auch im Homeoffice ist, damit das Unternehmen weiter aktiv agieren kann. Was wäre Ihr Ratschlag an diese Offline- Unternehmer?

Webanbindung, Adressen Eingabe erweitern mit mehreren Ansprechpartnern, Mailversand verbessern.

Was hat Sie am meisten überrascht, als Sie oder Ihre Mitarbeiter mit OfficeFreund zu arbeiten begonnen haben?

Einfache Handhabung.

Wo sehen Sie die größten Vorteile der Nutzung von Office-Freund gegenüber anderen Bürosoftwarelösungen am Markt?

Einfaches Wiederöffnen von Aufträgen, um Änderungen machen zu können.

Wieviele Mitarbeiter arbeiten mit OfficeFreund?

4.

Mit welchen Bereichen von OfficeFreund wird in Ihrem Unternehmen überdurchschnittlich oft oder regelmäßig gearbeitet?

1. Aufträge, Adressen Buchhaltung,

2. Artikel,

3. Schriftverkehr.

Zahlungsverkehr verwenden wir gar nicht.

OfficeFreund schreibt sich ja vor allem die einfache Usability und die intuitive Nutzung auf die Fahnen. Können Sie diese einfache Handhabung bestätigen?

Ja.

Wie up to date ist OfficeFreund bei der Gesetzeskonformität, bzw. bei der Implementierung neuer gesetzesrelevanter Tools? Stichworte z. B. GoBD, DSGVO, IDEA, DATEV, ZUGFeRD, etc.

Ich denke, okay, verfolge ich nicht.

Welche Tools und Software-Lösungen fehlen Ihnen derzeit noch bei OfficeFreund?

Anbindung an GLS / DPD / UPS usw.

Wie finden Sie das Preis-/Leistungsverhältnis von Office-Freund?

Gut.

Sind sie mit dem Support von OfficeFreund zufrieden?

Ja.

Zum Schluss bitte noch eine Info über die wichtigsten Features, die Ihr Unternehmen im Software-Paket von OfficeFreund am meisten nutzt:

	oft	selten	nie
Auftrag Faktura			
- Verwaltung			x
- von Angebot bis Rechnung	x		
- Sammelrechnung			x
- Teil/Schlussrechnung			x
- ABO-Rechnung Erzeugung (für wiederkehrende Abrechnungen)		x	
Eingangsrechnung			
Adressen			
- Verwaltung	x		
- Kunden	x		
- Lieferanten			
- Vertreter		x	
Artikel			
- Verwaltung	x		
- Artikel		x	
- Artikelkombinationen			x
- Freitexte			x
Schriftverkehr			
- Verwaltung			
- Brief			x
- Fax			x
- EMail		x	
- Serienbrief		x	

- Standardbriefe			x
- Tages-Adressdruckliste			x
Buchhaltung			
- Kassenbuch (mit Tagesabschluss, Zählprotokoll)			x
- Inventur			x
- Offene - Posten			x
- Mahnwesen			x
Auswertungen			
- Gesamtumsätze	x		
- Artikel Renner-Penner Auswertung			x
- Artikelbezug eines Kunden	x		
- Artikel eines Lieferanten			x
Zahlungsverkehr (beides auf Zahlungsvordrucke)			
- SEPA-Überweisung			x
- SEPA-Eigenüberweisung			x
Sonstiges			
- Freie Berechnungsliste (für einfache Berechnungen)			x
Schnittstellen			
- Adress und Artikeldaten Export aus EXCEL, bzw. CSV Dateien			x
- IDEA Schnittstelle (für Steuerprüfung in Deutschland notwendig)			x
- elektronische Rechnung (ZugFERD 2) erhältlich ab 21.06.2021			
- DATEV Export In Arbeit			

GUTSCHEIN

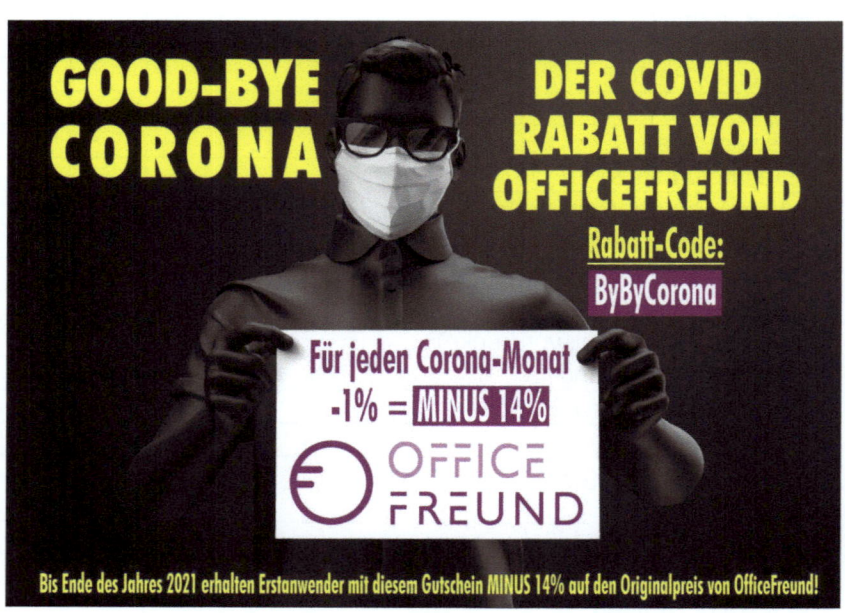